Heymann/Seiwert/Senarclens · Sozialbilanzen

Heymann/Seiwert/Senarclens

Sozialbilanzen
Die gesellschaftsbezogene Berichterstattung
in der Bundesrepublik Deutschland
und der Schweiz

expert verlag, 7031 Grafenau 1/Württ.
Taylorix Fachverlag, Stuttgart

CIP-Kurztitelaufnahme der Deutschen Bibliothek

Heymann, H. Helmut:
Sozialbilanzen: d. geschäftsbezogene Berichterstattung in d. Bundesrepublik u. d. Schweiz / Heymann; Seiwert; de Senarclens. – Grafenau/Württ.: expert verlag; Stuttgart: Taylorix-Fachverlag, 1984.
  (Unternehmensführung + Unternehmensberatung)
  ISBN 3-88508-821-5 (expert verl.)
  ISBN 3-7992-0283-8 (Taylorix-Fachverl.)
NE: Seiwert, Lothar J.:; Senarclens, Marina de:

© 1984 by expert verlag, 7031 Grafenau 1/Württ.
und Taylorix-Fachverlag, 7000 Stuttgart
Alle Rechte vorbehalten
Printed in Germany
ISBN 3-88508-821-5 (expert verlag)
ISBN 3-7992-0283-8 (Taylorix Fachverlag)
Taylorix-Bestellzeichen: 2776.3

Vorwort

Es sind nunmehr 10 Jahre vergangen, seitdem die STEAG AG in Essen als erstes deutschsprachiges Unternehmen überhaupt eine Sozialbilanz vorgelegt hat. Das, was damals von vielen Skeptikern als „Sozialschwärmerei" abgetan wurde, hat sich inzwischen als eine nicht mehr wegzudenkende Notwendigkeit gesellschaftlicher Veränderungen herausgestellt. Zu stark ist heute der gesellschaftliche Druck auf die Unternehmen, daß es sich irgendein Unternehmen noch leisten könnte, die Augen vor dieser Entwicklung zu verschließen. Im Gegenteil: Steigende Arbeitslosenzahlen und zunehmende Finanzierungsprobleme der öffentlichen Hand werden diesen „Druck von außen" auf die Unternehmen sicherlich noch verstärken. Führungs- und Argumentationshilfen, wie sie die Sozialbilanz zu bieten vermag, sind hier gefragt.

Was versteht man nun unter einer Sozialbilanz? Eine Sozialbilanz ist auf keinen Fall eine ausschließlich exakte quantifizierte Gegenüberstellung von Aktiva und Passiva zu einem bestimmten Stichtag. Sie berichtet vielmehr über die gesellschaftlich positiven sowie negativen Auswirkungen der Aktivitäten eines Unternehmens, ohne dabei an eine gesetzlich vorgeschriebene Darstellungsform gebunden zu sein. So informiert eine Sozialbilanz beispielsweise über Themen der Umweltbelastungen wie Luftverschmutzung, Wasserverunreinigung, Lärmbelästigung oder Sozialleistungen, Kulturförderungen, Behindertenhilfen u.s.w. Über all diese Themen sagt der traditionelle Geschäftsbericht eines Unternehmens nur sehr wenig aus, obgleich es doch Themen sind, für die sich immer mehr Gruppen unserer Gesellschaft zu interessieren beginnen.

So erstaunt es auch nicht, daß heute kaum noch eine Woche vergeht, in der nicht ein Vertreter aus Wissenschaft oder Praxis das Thema „Unternehmen und Gesellschaft" aufgreift und seine Meinung hierzu anhand der Sozialbilanz-Thematik kundtut. Die Anzahl der Unternehmen, die in den letzten Jahren die aus den USA stammende Idee aufgegriffen und eine Sozialbilanz erstellt bzw. veröffentlicht haben, ist erheblich angestiegen. Längst ist die Entwicklung des Sozialbilanz-Gedankens akzeptiert und zu einem integrierten Instrument der Unternehmensführung geworden.

Ausgesprochen vielfältig zeigt sich die Sozialbilanz-Bewegung im deutschsprachigen Raum. Hier haben neben vielen deutschen Unternehmen auch Unternehmen in der deutschen und französischen Schweiz ein zunehmendes Interesse an dieser Idee. Die Entwicklungen in beiden Ländern überschneiden sich teilweise, zeigen jedoch auch zum Teil eigenständige Profile. Was liegt also näher, als den Stand der gesellschaftsbezogenen Berichterstattung in der Bundesrepublik und in der Schweiz einmal aufzubereiten?

Das vorliegende Buch hat sich daher die Aufgabe gestellt, einen Überblick über die Sozialbilanz-Bewegung in der Bundesrepublik Deutschland und der Schweiz zu vermitteln. Besonderer Wert wird dabei auf eine praxisorientierte Vorgehensweise gelegt. Einführungs- und Erstellungshinweise runden die allgemeine Darlegung der Grundlagen und Konzeptionen ab. Theoretische Überlegungen und Erklärungen werden nur in dem Maße berücksichtigt, wie sie für das Verständnis der Ausführungen erforderlich sind.

Die vorliegende Konzeption des Buches spiegelt die einheitliche Auffassung der drei Autoren wieder. Der mehr auf den Theoriebereich und die bisherige praktische Entwicklung in der Bundesrepublik Deutschland ausgerichtete Teil A, I, II und B, I wurde von H.-Helmut Heymann und Lothar J. Seiwert verfaßt. Die praktische Umsetzung der gesellschaftsbezogenen Berichterstattung als Instrument der Unternehmensführung in Teil B, II, III erfolgte durch Marina de Senarclens, einer Schweizer Beraterin auf diesem Gebiet. Dabei verwendet sie gesondert gekennzeichnete Fallstudien bekannter Schweizer Unternehmen. In diesem Zusammenhang sei den Herren M. Arnet und J. Bucher (PTT), Herrn Dr. G. Guggenheim (Schweizerische Metall-Union) sowie Herrn B. Breu (VISURA Treuhand-Gesellschaft) an dieser Stelle herzlich gedankt.

Das Buch wendet sich an alle, die sich mit der gesellschaftlichen Stellung der Unternehmen in marktwirtschaftlichen Wirtschaftsordnungen näher beschäftigen wollen und an der Erstellung einer Sozialbilanz besonders interessiert sind: Unternehmer, Führungskräfte, Personalverantwortliche, Unternehmensberater, Politiker sowie Studierende.

Die Autoren

Inhaltsverzeichnis

Vorwort

A. Die gesellschaftsbezogene Berichterstattung – Sozialbilanzen: Grundlagen und Erfahrungen

I. Grundlagen der gesellschaftbezogenen Berichterstattung: Wieso überhaupt Sozialbilanzen? 15

   1. Gesellschaft im Wandel der Zeit 15
   2. Die gesellschaftsbezogenen Funktionen des Unternehmens 17
   3. Das betriebliche Rechnungswesen in der traditionellen Form 22
   4. Sozialbilanzen als Informationsinstrumente 26
      a) Was sind Sozialbilanzen? 26
      b) Welchen Zweck haben Sozialbilanzen? 27
      c) An wen richten sich Sozialbilanzen? 29
      d) Welche Probleme werfen Sozialbilanzen auf? 31

II. Ansätze der gesellschaftsbezogenen Berichterstattung: Wie können Sozialbilanzen aussehen? 33

   1. Unterschiedliche Sozialbilanz Ansätze 33
   2. Gesellschaftsbezogene Gesamtbilanzen 33
   3. Gesellschaftsbezogene Teilbilanzen 36
      a) Checklisten sozialer Aktivitäten 36
      b) Technische Datenkonzepte 41
      c) Ökologische Buchhaltung 41
      d) Erweiterte Sozialberichterstattung 43
      e) Wertschöpfungsrechnungen 46
      f) Gesellschaftsbezogene Aufwandsrechnungen 46
      g) Goal-Accounting 49
      h) Betriebliche Sozialindikatoren 54
      i) Zusammenfassung 58
   4. Gesellschaftsbezogene Mischbilanzen 58

a) Anforderungen an eine gesellschaftsbezogene Berichterstattung	58
b) Der Sozialbilanz-Ansatz des Arbeitskreises Sozialbilanz-Praxis	59
aa) Der Sozialbericht	60
bb) Die Wertschöpfungsrechnung	62
cc) Die Sozialrechnung	63
c) Möglichkeiten der Weiterentwicklung	63
aa) Ansatzpunkt I: Schwerpunktartige Berichterstattung	65
bb) Ansatzpunkt II: Bedürfnisorientierte Berichterstattung	68
cc) Ansatzpunkt III: Zielbezogene Berichterstattung	69
dd) Ansatzpunkt IV: Zustandsbeschreibende Berichterstattung	71
ee) Ansatzpunkt V: Kontrollierende Berichterstattung	72
ff) Fazit: Integrierter Ansatz einer Sozialbilanz	73

B. Gesellschaftsbezogene Berichterstattung in der Praxis — Sozialbilanzen in der Bundesrepublik Deutschland und der Schweiz

I. Gesellschaftsbezogene Berichterstattung in der Bundesrepublik Deutschland — Sozialbilanzen: Praktische Beispiele und Erfahrungen 77

1. Erhebungen über die gesellschaftsbezogene Berichterstattung	77
2. Praktische Ansätze der gesellschaftsbezogenen Berichterstattung	80
a) Erweiterte Sozialberichterstattung im Rahmen des Geschäftsberichts, ergänzt um eine Wertschöpfungsrechnung	80
b) Gesellschaftsbezogene Aufwandsrechnungen, ergänzt um eine Nutzenkommentierung	83
c) Sozialbericht, Wertschöpfungsrechnung und/oder Sozialrechnung	86
d) Goal-Accounting-Konzepte	91
3. Die „Sozialbilanz-Analyse" des Wissenschaftszentrums Berlin	99
a) Quantitative Inhalte	100
b) Qualitative Inhalte	101
4. Die „Analyse der Informationsbedürfnisse" von Gehrmann/Lembach	106
5. Die gesellschaftsbezogene Berichterstattung aus der Sicht der Gewerkschaften	107
6. Die gesellschaftsbezogene Berichterstattung als Objekt politisch-gesetzlicher Überlegungen	111

II. Gesellschaftsbezogene Berichterstattung in der Schweiz — Sozialbilanzen: Praktische Beispiele und Erfahrungen 113

1. Einleitung	113
2. Die Pioniere der Schweiz	113
a) Migros-Genossenschaftsbund	114

      b) Brown Boverie & Cie AG   117
      c) Nestlé   122
  3. Neueste Tendenzen   124
  4. Fallstudie I: Die gesellschaftsbezogene Berichterstattung der schweizerischen PTT (integrierte Unternehmenskonzeption)   126
      a) PTT als öffentliches Unternehmen   126
      b) Unternehmenspolitik   126
      c) Leitbild der PTT   127
      d) Unternehmensstrategien   128
      e) Wertschöpfungsrechnung   131
      f) Laufende Berichterstattung   133
      g) Schlußbetrachtung   134
  5. Fallstudie II: Die öffentlichkeitsbezogene Berichterstattung der Schweizerischen Metall-Union (SMU)   134
      a) Beweggründe für eine gesellschaftsbezogene Berichterstattung   135
      b) Entstehung   136
      c) Inhalt   137
      d) Erfahrungen   138
      e) Ausblick   138
  6. Fallstudie III: Der Sozialbericht der VISURA Treuhandgesellschaft   139
      a) Gesellschaftsbezogene Berichte für Treuhänder (Wirtschaftsprüfer)   139
      b) Learning by doing   140
      c) Präsentier- oder Spiegelbild   143

III. **Das Erstellen einer gesellschaftsbezogenen Berichterstattung aufgrund eines internen Konzeptes: Wie werden Sozialbilanzen erstellt?**   144

  1. Praktisches Vorgehen   144
      a) Das Leitbild als Grundlage für das Basiskonzept   144
      b) Beispiele gesellschaftsbezogener Leitvorstellungen   145
      c) Ausarbeitung eines Grundkonzeptes durch ein internes Team   158
      d) Vorgehen und Experimente des Projektteams   159
  2. Konkrete Resultate der gesellschaftsbezogenen Berichterstattung   165
  3. Interne Schulung: Beispiel für ein dreistufiges Seminarprogramm   168

Schlußbetrachtung   170

Anhang:
Glossar wichtiger Begriffe der gesellschaftsbezogenen Berichterstattung   171

Literaturverzeichnis   176

Angaben zu den Autoren	179
Stichwortverzeichnis	181

A. Die gesellschaftsbezogene Berichterstattung – Sozialbilanzen: Grundlagen und Erfahrungen

I. Grundlagen der gesellschaftsbezogenen Berichterstattung: Wieso überhaupt Sozialbilanzen?

1. Gesellschaft im Wandel der Zeit

Unternehmen können heute in den ökonomisch hochentwickelten Industrienationen nicht mehr losgelöst von den gesellschaftlichen Hintergründen der siebziger Jahre betrachtet werden. Wesentlich hierbei sind Prozesse des wirtschaftlichen und sozialen Wandels, so wie sie sich innerhalb der letzten Dekade in allen westlichen Industriestaaten weitgehend vergleichbar vollzogen haben.

Sowohl die *Wertvorstellungen* der geistigen und politischen Elite als auch die Werthaltungen breiter Kreise der Bevölkerung haben sich in diesem Zeitraum grundlegend gewandelt. Begleitet von wirtschaftlich-technologischen und politisch-rechtlichen Änderungen verlieren seit Beginn der siebziger Jahre individualistisch ausgerichtete Werte wie Wohlstand und Erfolg an Gewicht, gewinnen hingegen sozialorientierte Werte wie Eintracht und Selbstachtung an Bedeutung. Geistige und humanistische Bezüge, Gemeinschaft, Individualität sind Werte, die in steigendem Umfang unser Denken bestimmen, während Statusziele oder unqualifizierte Wachstumsstrategien in ihrer Dominanz deutlich zurückgehen.

Dieser allgemeine *Wertewandel in unserer Gesellschaft* vollzieht sich deutlich erkennbar als ein Wandel von der Quantität zur Qualität hin und ist durch den fast schon als „Markenzeichen" einer neuen Wertvorstellung benutzten Begriff der *Lebensqualität* zu umschreiben. Waren die Bürger in den fünfziger und sechziger Jahren froh, daß die Schlote rauchten, so bilden sich heute Bürgerinitiativen, weil diese Schlote rauchen (Pieroth 1978).

Fragt man nach den Ursachen, die zu diesem Wandel gesellschaftlicher Grundwerte geführt haben, so finden sich im einzelnen drei unterschiedliche Erklärungen (Faltlhauser 1978):

○ Mit der zunehmenden Befriedigung grundlegender Bedürfnisse nach Existenzsicherung und Lebenssicherheit werden für viele Bürger soziale Interessen nach Selbstachtung und Selbstverwirklichung immer wichtiger.

○ Die allmählich von einem Großteil der Bevölkerung als selbstverständlich empfundenen materiellen Erfolge der Unternehmen führen dazu, daß die ideologisch begründete Kritik an der Rolle erwerbswirtschaftlich orientierter Privatunternehmen oft leichtfertig akzeptiert und weitergereicht wird.

○ Die spätestens seit der Ölkrise geförderte Einsicht, daß notwendige Energien als die wesentlichen Quellen von Wohlstand und Wachstum nicht unbegrenzt zur Verfügung stehen, führt zu einer gesellschaftlichen Abkehr von einer unbedingten ökonomischen Vorherrschaft.

Vor diesem Hintergrund werden die von den Unternehmen bei ihren Produktionsprozessen verursachten sozialen Kosten von der Öffentlichkeit immer weniger toleriert. Atomkraftwerke, Wasserverunreinigungen, Luftverschmutzungen oder Verkehrsbelästigungen geraten mit den traditionellen Kriterien einer leistungsfähigen Wirtschaft zunehmend in Konflikt. Unter dem Eindruck schwindender Rohstoffreserven und zunehmender Umweltgefährdungen, auch als Folge eines wachsenden Interesses an politischen und ökonomischen Ereignissen, setzt sich allmählich die Erkenntnis durch, daß betriebliche Erfolge nicht notwendigerweise auch gesellschaftlichen Fortschritt bedeuten. Die *Wachstumskosten* unserer industriellen Gesellschaft dringen immer stärker in das Bewußtsein der Gesellschaft ein. Gleichzeitig damit wächst auch die gesellschaftliche Sensibilisierung im Hinblick auf Fragen des Umwelt- und Konsumentenschutzes, der Arbeitsbedingungen sowie der Führungskonzepte.

Dort, wo diesen gesellschaftlichen Bedürfnissen nicht ausreichend entsprochen wird, zeichnen sich deutliche Konflikte ab: So etwa bei den die Umwelt stark belastenden Industrieansiedlungen oder auch durch die Bildung von Bürgerinitiativen gegen geplante Standorte von Kernkraftwerken. Die öffentliche Aufmerksamkeit ist dabei intensiv auf die als soziale Kosten anzusehenden Nebeneffekte technisch-ökonomischer Entwicklungen gerichtet. Hierzu gehören neben der Belastung unserer natürlichen Umwelt auch andere, weitergehende soziale Folgewirkungen von Produkten und Technologien (Dierkes 1976).

Als *Verursacher und Verantwortliche für diese Sozialkosten* werden allgemein die Unternehmen angesehen. Die Folge ist: Der gesellschaftliche Druck auf die Unternehmen steigt ständig und schlägt sich in wachsenden Forderungen an diese nieder. So ermittelten zwei bereits im Jahre 1973 in der Bundesrepublik (Hartmann/Furch 1974) und den USA (Dierkes/Coppock/Snowball/Thomas 1973) durchgeführte Erhebungen eine Reihe *gesellschaftlicher Forderungen* an die Unternehmen (vgl. Bild 1).

Urheber dieses „Drucks von außen" auf die Unternehmen sind politische Parteien und Gewerkschaften, aber auch Verbraucherorganisationen und Bürgerinitiativen. Eine besondere Bedeutung kommt hierbei auch den Medien zu.

Objektbereiche der gesellschaftlichen Forderungen	Prozentualer Anteil der Nennungen BRD	USA
1. Umweltschutz (Environment Protection): Auswirkungen des Produktionsprozesses und des Produktverbrauchs	22	34
2. Verbraucherschutz (Consumer Issues): Preise, Werbung, Verpackung, Verkaufsmethoden, Allgemeine Geschäftsbedingungen, Produktsicherheit und -qualität, Servicequalität, Haltbarkeit von Produkten usw.	21	37
3. Arbeitsbedingungen (Quality of Work Envrionment): Arbeitssicherheit, Verbesserung der Arbeitsbedingungen	4	2
4. Wettbewerbsprobleme (Anti Trust Issues)	4	14
5. Grundrechte (Human and Civil Rights): Beseitigung von Diskriminierungen (von Minderheiten), Aus- und Weiterbildung (von Minderheiten)	8	7
6. Mitbestimmung	19	–
7. Allgemeine soziale Verantwortung: Altersversorgung, Lohnfortzahlung im Krankheitsfalle, Erfindervergütungen, flexible Altersgrenze	12	–
8. Vermögensbildung	9	–
9. Forschung und Entwicklung	1	6
	100	100

Bild 1: Gesellschaftliche Forderungen an die Unternehmen

2. Die gesellschaftsbezogenen Funktionen des Unternehmens

Im Zusammenhang zunehmender gesellschaftlicher Forderungen werden erwerbswirtschaftlich orientierte Unternehmen heute als interessenpluralistische Institutionen zur Verbesserung der individuellen Lebensqualität betrachtet. Sie bilden Interessenverbände, deren Beziehungen sich nicht mehr allein auf die wirtschaftliche Dimension reduzieren lassen, sondern in zunehmendem Maße auch soziale Aspekte berühren.

Nachdem die Grenzen staatlicher Finanzkraft und organisatorischer Leistungskompetenz immer deutlicher werden, schwindet bei vielen Bürgern das Vertrauen in die Fähigkeit des staatlichen Sektors, gesellschaftliche Probleme schnell und effizient lösen zu können. Sehr deutlich wird dies beispielsweise an dem seit Jahren erfolglosen Versuchen staatlicher Organe, der steigenden Arbeitslosigkeit Herr zu werden. Immer mehr Gruppen unserer Bevölkerung schlagen daher vor, verstärkt auch die Wirtschaftsunternehmen mit der Lösung solcher Probleme zu beauftragen. Ausgangspunkt dieser Überlegungen ist: Unternehmen verfügen über die notwendigen materiellen und geistigen Ressourcen, aber auch eine entsprechend flexible Organisation, die ihnen eine schnellere und bessere Lösung dieser Probleme ermöglichen (Dierkes 1974).

Gefordert wird damit eine Erweiterung betrieblicher Aufgaben und Funktionen. Unternehmen haben nicht nur eine wirtschaftliche, sondern auch eine soziale Verantwortung. Der eigentliche Zweck unternehmerischer Tätigkeit ist daher sicherlich nicht mehr in der alleinigen Verfolgung gewinnmaximierender Zielvorstellungen um jeden Preis zu erblicken, sondern kann nur darin bestehen, *ökonomische und soziale Faktoren* so zu integrieren, daß die Bedürfnisse der Konsumenten marktgerecht gedeckt werden, die Bedürfnisse der übrigen gesellschaftlichen Bezugsgruppen, insbesondere der Mitarbeiter und der Eigentümer, in die unternehmenspolitischen Ziele einbezogen und die Normen der Umwelt beachtet werden.

Unternehmen besitzen sowohl eine wirtschaftliche, auf die ökonomisch optimale Produktion von Gütern und Dienstleistungen gerichtete Verantwortung als auch eine soziale Verantwortung, die die Fähigkeit und die Bereitschaft des einzelnen Unternehmens beinhalten, soziale Kosten zu reduzieren bzw. zu beseitigen und sozialen Nutzen zu stiften. Damit stellen Unternehmen *sozio-ökonomische Gebilde* dar, deren Leistungen folgendermaßen umschrieben werden können (Bild 2, Plesser 1977):

Moderne Unternehmen sehen den sich ihnen hier bietenden sozialen Spielraum und weiten ihre Aktivitäten über die wirtschaftlichen Tätigkeiten hinaus aus. Auf der einen Seite beziehen sie immer stärker soziale Kosten in ihre Wirtschaftsrechnungen ein, auf der anderen Seite übernehmen sie unentgeltlich Aufgaben, die bisher ganz oder doch teilweise anderen Institutionen zugefallen waren und stiften damit sozialen Nutzen. So investierte beispielsweise die deutsche Industrie in den Jahren 1975 bis 1981 rund 85 Mrd. DM in den Umweltschutz. Gleichzeitig wendet sie jährlich rund 100 Mrd. DM für den Sektor der Personalnebenleistungen auf.

Einen deutlichen Ausdruck findet die Übernahme sozialer Verantwortung durch die Unternehmen in den unternehmensphilosophischen Kategorien überbetrieblicher *Verhaltenskodizes* und innerbetrieblicher *Unternehmens- bzw. Führungs-*

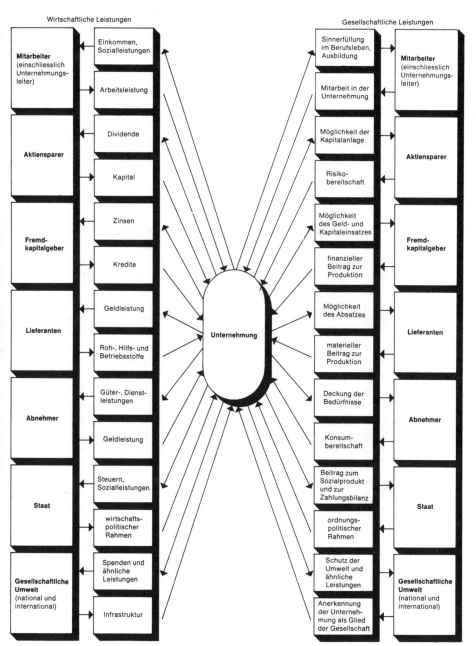

Bild 2: Wirtschaftliche und soziale Leistungen der Unternehmen

grundsätze. In diesem Rahmen ist das aus Kreisen der Industrie hervorgegangene *Davoser Manifest* besonders hervorzuheben (Potthast 1981):

o Berufliche Aufgabe der Unternehmensführung ist es, Kunden, Mitarbeitern, Geldgebern und der Gesellschaft zu dienen und deren widerstreitende Interessen zum Ausgleich zu bringen.

o Die Unternehmensführung muß den Kunden dienen. Sie muß die Bedürfnisse der Kunden bestmöglich befriedigen. Fairer Wettbewerb zwischen den Unternehmen, der größte Preiswürdigkeit, Qualität und Vielfalt der Produkte sichert, ist anzustreben. Die Unternehmensführung muß versuchen, neue Ideen und technologischen Fortschritt in marktfähige Produkte und Dienstleistungen umzusetzen.

o Die Unternehmensführung muß den Mitarbeitern dienen, denn Führung wird von den Mitarbeitern in einer freien Gesellschaft nur dann akzeptiert, wenn gleichzeitig ihre Interessen wahrgenommen werden. Die Unternehmensführung muß darauf abzielen, die Arbeitsplätze zu sichern, das Realeinkommen zu steigern und zu einer Humanisierung der Arbeit beizutragen.

o Die Unternehmensführung muß den Geldgebern dienen. Sie muß ihnen eine Verzinsung des eingesetzten Kapitals sichern, die höher ist als der Zinssatz auf Staatsanleihen. Diese höhere Verzinsung ist notwendig, weil eine Prämie für das höhere Risiko eingeschlossen werden muß. Die Unternehmensführung ist Treuhänder der Geldgeber.

o Die Unternehmensführung muß der Gesellschaft dienen. Die Unternehmensführung muß für die zukünftige Generation eine lebenswerte Umwelt sichern. Die Unternehmensführung muß das Wissen und die Mittel, die ihr anvertraut sind, zum Besten der Gesellschaft nutzen. Sie muß der wissenschaftlichen Unternehmensführung neue Erkenntnisse erschließen und den technischen Fortschritt fördern. Sie muß sicherstellen, daß das Unternehmen durch seine Steuerkraft dem Gemeinwesen ermöglicht, seine Aufgabe zu erfüllen. Das Management soll sein Wissen und seine Erfahrung in den Dienst der Gesellschaft stellen.

o Die Dienstleistung der Unternehmensführung gegenüber Kunden, Mitarbeitern, Geldgebern und der Gesellschaft ist nur möglich, wenn die Existenz des Unternehmens langfristig gesichert ist. Hierzu sind ausreichende Unternehmensgewinne erforderlich. Der Unternehmensgewinn ist daher notwendiges Mittel, nicht aber Endziel der Unternehmensführung.

Ähnliche Kodizes liegen mittlerweile von einer Reihe nationaler und internationaler Organisationen vor, so etwa von der Internationalen Handelskammer, dem

Internationalen Arbeitsamt, den Europäischen Gemeinschaften, den Vereinigten Nationen oder auch von der Bundesvereinigung der Deutschen Industrie. Die Zahl der Unternehmen, die allein im deutschsprachigen Raum auf der Grundlage überbetrieblicher Verhaltenskodizes betriebliche Grundsätze sozialer Normen aufgestellt haben, geht zwischenzeitlich in die Hunderte (Heymann, 1983/a).

Wie sieht es jedoch mit der Bereitschaft der Führungskräfte aus, sich für die sozialen Aktivitäten ihres Unternehmens zu engagieren? Hierüber gibt eine Befragung von annähernd 200 deutschen Top-Managern Auskunft (Dierkes 1976). Fast die Hälfte aller Befragten sagt dort voraus, Unternehmen und Führungskräfte werden in Zukunft von sich aus und zunehmend betonter ihre Rolle als Träger sozialer Verantwortung wahrnehmen (Bild 3):

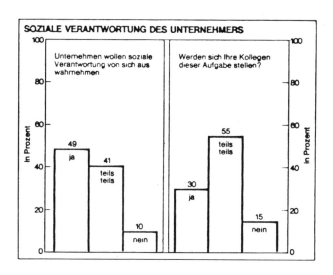

Bild 3: Die Meinung deutscher Führungskräfte zur sozialen Verantwortung der Unternehmen

Betrachtet man ausschließlich die Gruppe der jüngeren Führungskräfte, so steigt der Anteil derjenigen, die von der Übernahme der sozialen Verantwortung durch die Unternehmen überzeugt sind, weiter an.

Dies erfolgt sicherlich unter dem Eindruck, daß soziale Aktivitäten der Unternehmen und erwerbswirtschaftliches Gewinnstreben sehr oft in einem positiven Zusammenhang zueinander stehen. Es existiert dann ein *Gefühl des „Selbstinteresses"* bei den verantwortlichen Entscheidungsträgern. In der Tat wird ein bestimmtes Ausmaß an „Selbstlosigkeit", wie z.B. freiwilliger Umweltschutz oder freiwillige Sozialleistungen, von den Bezugsgruppen des Unternehmens häufig dadurch honoriert, daß sie entweder die Leistungen der Unternehmen am Markt bevorzugen oder im Personalbereich durch eine erhöhte Motivation eine Senkung der allgemeinen Kosten herbeiführen (Picot 1977). Umgekehrt werden die Leistungen der Unternehmen, die keine oder nur geringe soziale Aktivitäten entfalten, in vielen Fällen boykottiert und gemieden.

Halten wir fest: Das Aufgabenspektrum der Unternehmen hat in den letzten Jahren eine wesentliche Erweiterung erfahren. Unter dem Einfluß eines steigenden gesellschaftlichen Drucks entdecken immer mehr Unternehmen ihre „soziale Komponente". Zwar ist die erwerbswirtschaftliche Orientierung betrieblicher Handlungen nach wie vor als die dominante Kategorie der Unternehmen anzusehen, ergänzend müssen jedoch soziale Aktivitäten hinzutreten. Dabei bestehen durchaus positive Beziehungen zwischen beiden Bereichen. Zum einen ist ein wirtschaftlich befriedigendes Ergebnis die Voraussetzung für soziale Aktivitäten, zum anderen können sozial orientierte unternehmerische Maßnahmen dazu beitragen, ein besseres Wirtschaftsergebnis zu erzielen.

Waren Unternehmen in den fünfziger und sechziger Jahren, damals den allgemeinen gesellschaftlichen Bedürfnissen der Nachkriegszeit folgend, fast ausschließlich wirtschaftliche Einheiten, so sind sie heute mehr sozio-ökonomische Gebilde, die ökonomische und soziale Aufgaben gleichermaßen zu erfüllen haben. Als *„neue" Aufgaben* treten hinzu:

○ Gestaltung der *sozialen Umwelt* durch ein an den menschlichen Bedürfnissen orientiertes Unternehmerverhalten (externe soziale Verantwortung).

○ Gestaltung der *Arbeitsverhältnisse* durch bedürfnisbezogene Maßnahmen der Arbeitshumanisierung und -honorierung (interne soziale Verantwortung).

Entscheidungsanalytisch betrachtet liegt dem eine *Erweiterung der betrieblichen Zielfunktion* zugrunde. Unternehmen stellen in Zukunft nicht nur Produkte und Dienstleistungen für die Gesellschaft bereit, sondern nehmen darüber hinaus auch noch zusätzliche zentrale Bestandteile der *Lebensqualität* in ihr Zielsystem auf. Voraussetzung für die Umsetzung sozialorientierter Überlegungen in konkrete Unternehmensaktivitäten ist jedoch ein entsprechendes betriebliches Informationsinstrument.

3. Das betriebliche Rechnungswesen der traditionellen Form

Das betriebliche Rechnungswesen umfaßt alle Einrichtungen und Regelungen zur Dokumentation, Verarbeitung, Auswertung und Weiterleitung von Informationen sowohl innerhalb eines Unternehmens als auch zwischen diesem und seiner Umwelt. Dabei lassen sich im einzelnen zwei größere Aufgaben feststellen: Das betriebliche Rechnungswesen dokumentiert zum einen Aktivitäten, die in der Vergangenheit liegen und bereits abgeschlossen sind, und dient zum anderen als Informationsgrundlage für zukünftige Entscheidungen.

Somit verfolgt das Rechnungswesen eine *Dokumentations- und Entscheidungsfunktion*. Durch die Bereitstellung systematisch aufbereiteter Informationen erhalten die Unternehmen einen Überblick darüber, inwiefern es ihnen durch welche Aktivitäten gelungen ist, welche Ziele mit welchem Ergebnis zu erreichen. Anschließend ist es dann möglich, mit Hilfe ergänzender Daten Entscheidungen über zukünftig zu ergreifende Maßnahmen zu treffen.

Das seit Jahrzehnten schon durch Gesetze und Verordnungen detailliert geregelte Rechnungswesen geht vornehmlich von der Vorstellung aus, die betrieblichen Aktivitäten seien rein wirtschaftlicher Natur. In dieser traditionellen Form erfaßt das betriebliche Rechnungswesen in erster Linie geldliche und gütermäßige Sachverhalte und Vorgänge. Sehr deutlich wird dies, wenn man einmal den eigentlichen Kern des Rechnungswesens, den *Jahresabschluß mit seinen drei Bestandteilen* betrachtet:

○ Jahresbilanz
○ Gewinn- und Verlustrechnung
○ Geschäftsbericht.

Wie hinlänglich bekannt, werden hierbei vornehmlich wirtschaftlich-monetäre Bereiche erfaßt, in denen die Leistungen mit den Gegenleistungen verzahnt sind. Produktionsfaktoren, Produkte, Gewinn- und Umsatzbemühungen werden hinsichtlich ihrer Wirkungen auf das Unternehmen erfaßt, aufbereitet und dargestellt. Es interessiert dabei nicht der Bezug ihrer Funktion auf andere Wirtschaftssubjekte, sondern allein der Bezug auf das Unternehmen selbst. Das kommt zum Ausdruck durch zeitbezogene Veränderungen der betrieblichen Finanz- und Sachmittel.

Die Einsicht, daß *quantitatives Wachstum* nicht mehr aufgrund historischer Perspektiven unabdingbar mit *gesellschaftlicher Wohlfahrt* gleichzusetzen ist, stellt das traditionelle Rechnungswesen mit seinen klassischen Erfolgsindikatoren, wie Gewinn, Umsatz, Rentabilität, Produktivität u.a., als zunehmend ungeeignet heraus, den von den Unternehmen ebenfalls geleisteten Beitrag zur gesellschaftlichen Lebensqualität im einzelnen auszuweisen. Auch Umweltzerstörung, Ressourcenverknappung oder die Beeinträchtigung kultureller und ethischer Werte durch die Unternehmen läßt den Aussagewert eines Rechnungswesens, das diese schwer quantifizierbaren Phänomene nicht berücksichtigt, als äußerst zweifelhaft erscheinen.

Das betriebliche Rechnungswesen in seiner traditionellen Form wird daher seit vielen Jahren schon von unterschiedlichen Gruppen unserer Gesellschaft heftig kritisiert. Im einzelnen werden folgende *Kritikpunkte* angeführt (Eichhorn 1974):

o Mit seiner einseitigen Ausrichtung auf den Gewinn als dominante Größe ist die Aussagefähigkeit des betrieblichen Rechnungswesens sehr eingeschränkt. Andere Nutzen- und Kostenkategorien werden kaum erfaßt.

o Das betriebliche Rechnungswesen will in erster Linie darstellen, wie es den Unternehmen gelingt, das Kapitel zu erhalten und zu vermehren. Dabei wird den von den Unternehmen verursachten und von ihrer Umwelt ohne monetäre Entschädigung hinzunehmenden Wertschmälerungen ebenso wenig Rechnung getragen wie den durch die Unternehmen bewirkten und ihrer Umwelt unentgeltlich zugute kommenden Wertsteigerungen.

o Unternehmen und ihre Marktbeziehungen sind die Ansatzpunkte des betrieblichen Rechnungswesens. Eine Ausweitung durch Informationen über die Umwelt, die durch keine Marktbeziehungen mit den Unternehmen verbunden ist, unterbleibt weitgehend.

o Werte hält das betriebliche Rechnungswesen nur im Umfang erbrachter oder empfangener Geld-, Sach- und Dienstleistungen in Form von Geld- oder Mengenangaben fest. Wenn beispielsweise Mitarbeiter gesundheitsgefährdenden Immissionen ausgesetzt sind oder die betrieblichen Emissionen die Lebensqualität der Bevölkerung beeinträchtigen, dann schlägt sich dies nicht im traditionellen Rechnungswesen nieder.

o Durch das betriebliche Rechnungswesen werden im wesentlichen nur Eigentümer und Manager informiert. Auf die Informationsbedürfnisse anderer gesellschaftlicher Bezugsgruppen, wie Mitarbeiter, Kunden, Lieferanten oder Öffentlichkeit, wird kaum geachtet.

Mit seiner einseitigen Gewinnorientierung, seinen primären Marktbeziehungen, seinem eingeschränkten Gesellschaftsbezug und seinen unvollständigen gesellschaftlichen Bezugsgruppen ist das traditionelle Rechnungswesen sicherlich nicht in der Lage, die sozialen Aspekte der Unternehmen wahrzunehmen. Begriffe wie qualitatives Wachstum, Lebensqualität, Sozialkosten oder Sozialleistungen erfordern eine umfassendere Berücksichtigung der Auswirkungen unternehmerischer Aktivitäten.

In dem Maße, wie der soziale Druck auf die Unternehmen zunimmt, wächst auch die von unterschiedlichen Seiten an die Unternehmen herangetragene Forderung, ihr traditionelles Rechnungswesen um die sozialen Kosten und den sozialen Nutzen zu ergänzen. Ein solches Informationsinstrument bezeichnet man als *Sozialbilanz* bzw. *gesellschaftsbezogene Berichterstattung*.

Bringt das *traditionelle Rechnungswesen* die wirtschaftliche Verantwortung der Unternehmen zum Ausdruck, so nimmt das *gesellschaftsbezogene Rechnungswesen* eindeutigen Bezug auf die soziale Verantwortung der Unternehmen (Bild 4):

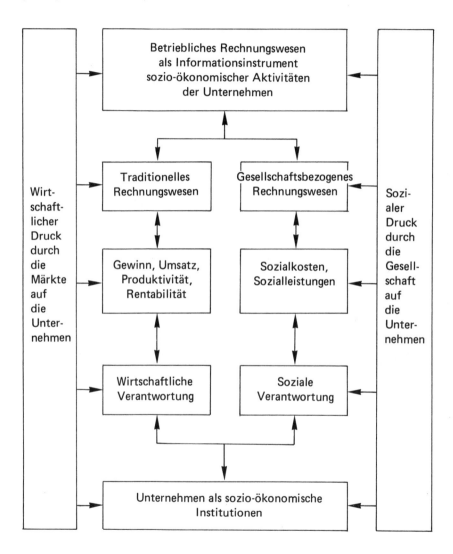

Bild 4: Sozio-ökonomische Unternehmensaktivitäten im Spiegel des betrieblichen Rechnungswesens

4. Sozialbilanzen als Informationsinstrumente

a) Was sind Sozialbilanzen?

Sozialbilanzen umfassen diejenigen Teilbereiche des betrieblichen Rechnungswesens, die über soziale Kosten und soziale Nutzen der Unternehmen informieren. Konkret beinhaltet eine Sozialbilanz — in Anlehnung an das traditionelle Rechnungswesen — den Prozeß der organisierten Erhebung, Aufbereitung und Kommunikation von Daten über die wesentlichen gesellschaftlichen Auswirkungen der Geschäftstätigkeiten und stellt die sozialen Effekte den Bezugsgruppen anschaulich dar (Bild 5):

Eine Sozialbilanz ist allerdings keine Bilanz im engeren Sinne, d.h. eine Gegen-

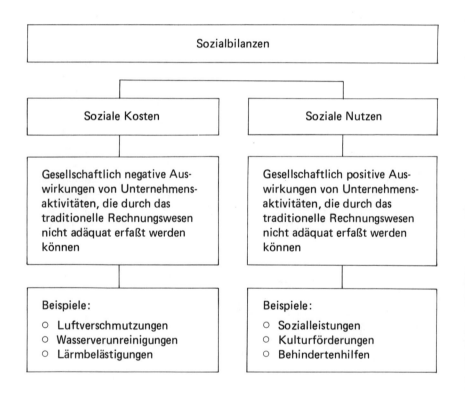

Bild 5: Soziale Kosten und Nutzen in Sozialbilanzen

überstellung von Aktiva und Passiva an einem bestimmten Stichtag. Es handelt sich lediglich um eine regelmäßige Rechnungslegung, gleichgültig in welcher Form auch immer. Zutreffender wäre daher der Ausdruck: Gesellschaftsbezogene Berichterstattung. Mittlerweile hat sich jedoch der Begriff „Sozialbilanz" als „Marken- und Gütezeichen" der Verfechter der gesellschaftsbezogenen Berichterstattung etabliert, so daß er trotz erheblicher Bedenken im folgenden auch weiterhin verwendet wird.

Die Sozialbilanz bezieht sich auf keinen Fall auf eine bestimmte, in sich abgegrenzte Form der Rechnungslegung, sondern sie versucht die sozialen Auswirkungen unternehmerischer Aktivitäten, die im traditionellen Jahresabschluß vernachlässigt werden, zu erfassen. Für den hier verwendeten Begriff „Sozialbilanz" finden sich in der Literatur auch (Heymann 1981):

○ Corporate Social Accounting
○ Corporate Social Auditing
○ Corporate Socio Economic Reporting
○ Evaluation of Business Response to Social Priorities
○ Gesellschaftsbezogene Berichterstattung (Rechnungslegung)
○ Soziale (Sozialwirtschaftliche) Berichterstattung (Rechnungslegung)
○ Gesellschaftliches Rechnungswesen
○ Gesellschaftsbezogene (Soziale) Erfolgsrechnung

b) Welchen Zweck haben Sozialbilanzen?

Sozialbilanzen sind keine PR-Instrumente. Sie versuchen, den gesellschaftlichen Zielgruppen des Unternehmens verständlich zu machen, d.h. welche Stellung das Unternehmen innerhalb seines sozialpolitischen Umfeldes einnimmt. Selbstverständlich kann damit auch dem Laien die wirtschaftliche Bedeutung des Gewinns, d.h. die rentable Führung eines Unternehmens und seine Bedeutung für die Sicherheit der Arbeitsplätze etc., erklärt werden. Die Sozialbilanz ist ein Informationsinstrument, das als Verhandlungsbasis, als Argumentationshilfe für die Führungskräfte bei Fragen der Umweltbelastung, des Verbraucherschutzes u.a. dienen kann.

Vor allem hat die Sozialbilanz jedoch die grundlegende Aufgabe, Mitarbeitern und Führungskräften ihr eigenes Unternehmen umfassend darzustellen, um damit als Informations- und Motivationsmittel zu dienen. Die wichtigste Funktion liegt sicherlich darin, daß ein Unternehmen, das sich zur Erstellung einer Sozialbilanz entschließt, aus freien Stücken gewisse Konsequenzen und Ursachen seiner Handlungsweise neu überdenkt. Auswirkungen auf Langfristplanung und Unternehmenspolitik liegen damit auf der Hand.

Mit der Erfassung und Aufbereitung sozialer Dimensionen werden im wesentlichen *vier Hauptaufgaben* verfolgt (Heymann 1982):

○ Errichtung eines Instruments der *Führung und Entscheidung* zur Bestimmung der sozialen Unternehmensphilosophie bzw. Unternehmenspolitik und des gesellschaftsbezogenen Engagements.

○ Entwicklung eines Instruments der *Dokumentation* sozialer Aktivitäten für Mitarbeiter und andere Gruppen der Gesellschaft.

○ Schaffung eines Instruments der *Rechenschaftslegung* über die Akzeptanz sozialer Ansprüche von Mitarbeitern und Öffentlichkeit.

○ Konzipierung eines Instruments der *Koordination* für die Verteilung sozialer Aufgaben zwischen Unternehmen und Staat.

Die *konkreten Einzelziele*, die ein Unternehmen mit der Erstellung einer Sozialbilanz verfolgen kann, lassen sich im einzelnen wie folgt skizzieren (Faltlhauser 1978):

○ *Unternehmensbezogene Ziele*
— Schaffung eines zusätzlichen Führungsmittels zur planvollen Fortentwicklung der sozialen Unternehmenspolitik und zur Erfassung des Spielraums und der Grenzen sozialer Aktivitäten.
— Information der Mitarbeiter über die tatsächlich geleisteten sozialen Aufwendungen zur Motivation der Mitarbeiter und zur sozialen Befriedigung entsprechender Bedürfnisse.

○ *Gesellschaftsbezogene Ziele*
— Stärkere Kontrolle des Nutzens und des Schadens der Unternehmenstätigkeiten.
— Sensibilisierung von Unternehmen und Führungskräften für Aufgaben, die die Allgemeinheit betreffen.
— Aktivierung der Öffentlichkeit und Interessengruppen für die Ziele und Zielkonflikte des Unternehmenssektors.
— Information von Volksvertretungen und Verwaltungen über die Umsetzung gesetzlicher Vorgaben in die Unternehmenspraxis.
— Vorwegnahme und Beeinflussung gesetzlicher Aktivitäten der Zukunft.

○ *Verbandspolitische Ziele*
— Offensive Verteidigung der Unternehmensfreiheiten.
— Aufbau objektivierbarer Grundlagen für die Situation des Faktors „Arbeit".
— Argumentationshilfe für öffentliche Grundsatzdiskussionen.

c) An wen richten sich Sozialbilanzen?

Eine Sozialbilanz stellt vor allem das Unternehmen gegenüber der gesellschaftlichen Umwelt und den eigenen Mitarbeitern dar.

Im ersten Fall dient sie als *Argumentations- und Integrationsmittel*: Einfluß auf die Beschäftigung, Stellenwert für die Infrastruktur der Region, Bedeutung für die Versorgung der Bevölkerung mit Gütern und Dienstleistungen, Darlegung der Struktur öffentlicher Abgaben etc.

Im zweiten Fall ist sie als *Führungs- und Motivationsmittel* anzusehen: Vorstellung sozialer Zusatzleistungen, Präsentation der Arbeitsbedingungen, Hinweis auf die Bildungsaktivitäten, Erforschung des sozialen Klimas etc.

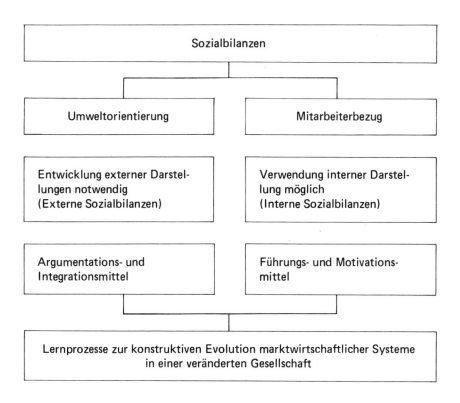

Bild 6: Umwelt und Mitarbeiter als Ansatzbereiche von Sozialbilanzen

Unter Berücksichtigung angemessener Aufwand-Nutzen-Relationen kann die Sozialbilanz dem Unternehmen sowohl für das „Umweltverständnis" als auch für das „Mitarbeiterverständnis" dienen. In diesem Sinne ist sie (Senarclens 1981):

○ eine Soll-Ist-Analyse, bezogen auf das Innen- und Außenverhältnis,
○ eine Argumentation nach außen und nach innen,
○ ein Frühwarnsystem, das erlaubt, gesellschaftspolitische Tendenzen innerhalb und außerhalb rechtzeitig zu erfassen und zu berücksichtigen.

Eingeleitet wird damit ein Denk- und Lernprozeß, der vermutlich den einfachsten Weg zu einer konstruktiven Evolution unseres marktwirtschaftlichen Wirtschaftssystems in einer veränderten Umwelt und Gesellschaft darstellt (Bild 6).

Bild 7: Gesellschaftliche Bezugsgruppen von Unternehmen und Sozialbilanzen

An diesem Lernprozeß sind alle gesellschaftlichen Bezugsgruppen, die mit dem Unternehmenssektor in Beziehung stehen, beteiligt. Nach der Intensität dieser Beziehungen kann man folgende Bezugsgruppen, damit auch gleichzeitig *Bezugsgruppen von Sozialbilanzen*, unterscheiden (Bild 7, Plesser 1977):

d) Welche Probleme werfen Sozialbilanzen auf?

Es hat einige Jahrhunderte gedauert, bis das traditionelle Rechnungswesen seine heutige, weitgehend anerkannte Gestalt gefunden hat. Dennoch ist es nicht frei von Gegensätzlichkeiten und Streitpunkten. Zu denken ist hierbei beispielsweise an die Problematik der Bewertung unterschiedlicher Abschreibungsmodalitäten oder auch an die steuerliche Behandlung und Erfassung der mehreren Zwecken gleichzeitig dienenden betrieblichen Pensionsrückstellungen.

Wenn schon das in seinen Grundzügen bis weit in das Mittelalter zurückreichende traditionelle Rechnungswesen mit zum Teil noch nicht gelösten Schwierigkeiten zu kämpfen hat, wen kann es dann noch wundern, daß das gesellschaftsbezogene Rechnungswesen, das in seinen Anfängen ja erst auf die 2. Hälfte der sechziger Jahre unseres Jahrhunderts zu datieren ist, einige bisher noch ungeklärte Probleme aufwirft? Im einzelnen handelt es sich hierbei um (Heymann/Seiwert 1982):

○ *Das Relevanzproblem*
   Es gibt keine allgemein anerkannten Regeln, die genau vorschreiben, was eine Sozialbilanz beinhalten sollte oder nicht. Dennoch versuchen insbesondere gewerkschaftlich orientierte Vertreter, immer wieder Kataloge aufzustellen, die den Unternehmen in detaillierter und ausführlicher Weise vorzuschreiben versuchen, worüber in einer Sozialbilanz zu berichten wäre. Was dabei völlig vernachlässigt wird, sind sowohl die spezifischen Besonderheiten der Unternehmen als auch die vorhandenen Informationsbedürfnisse der betroffenen gesellschaftlichen Bezugsgruppen. Aber gerade an diesen beiden Bereichen, Unternehmen und Bezugsgruppen, haben sich die Inhalte des gesellschaftsbezogenen Rechnungswesens zu orientieren.

○ *Das Meßproblem*
   In allen Ländern, die sich mit der Thematik der Sozialbilanzen auseinandersetzen, wird immer wieder das Problem der Erfassung und Messung der für die Information erforderlichen Daten aufgegriffen. Für die Erfassung der mit einer Sozialbilanz zusammenhängenden Fragen wären Meßinstrumente erforderlich, die auf der gesamtwirtschaftlichen Ebene der Unternehmen liegen. Es hat sich aber gezeigt, daß über die anzustrebenden Ziele und ihre Gewich-

tung keine Einigkeit besteht. Die Wissenschaft hat noch keine gesamtgesellschaftlichen Indikatoren entwickelt, denn die Messung der Faktoren, die ein Gesamtbild der Lebensbedingungen und Aktivitäten der Bevölkerung vermitteln sollen, bereitet große Schwierigkeiten. Wie will man beispielsweise den Zusammenhang messen, wenn ein Unternehmen einem Mitarbeiter eine systematische und gründliche Fortbildung ermöglicht und dadurch, natürlich indirekt, auch die Sozialisationsmöglichkeiten seiner Kinder verbessert? Sicherlich ein fast unlösbares Problem. Die bestehenden Kausalzusammenhänge lassen sich besser erahnen als messen.

○ *Das Bewertungsproblem*
Sehr viele soziale Aktivitäten der Unternehmen lassen sich nur verbal erfassen und entziehen sich einer weitgehenden Quantifizierung. Ein Vergleich von Unternehmen und Sozialaktivitäten erfordert jedoch die Bewertung dieser Aktivitäten anhand einer einzigen Bezugsgröße. Dies könnte beispielsweise eine monetäre Größenskala sein. Hierfür existieren jedoch noch keine entsprechenden Größen. Davon abgesehen würde eine solche einheitliche Bewertung bzw. Zusammenfassung sozialer Wirkungszusammenhänge auf einer Bezugsbasis unweigerlich mit einem großen Informationsverlust verbunden sein. In der Tat, wie soll man Arbeitszufriedenheit, Absentismus, Alterspyramide, Umweltbelastung, Dividendenpolitik und kulturelle Einrichtungen auf einen gemeinsamen Nenner bringen?

Die Aufstellung einer Sozialbilanz ist also nicht unproblematisch, sondern mit einer Reihe noch nicht gelöster Probleme verbunden. Diese wird man nur dann lösen können, wenn man einige *Anforderungen an ein gesellschaftsbezogenes Rechnungswesen* akzeptiert:

○ Sozialbilanzen können nicht anhand einer bis ins kleinste Detail standardisierten Vorgehensweise, etwa in Form eines verbindlichen Sozialkatalogs, aufgestellt werden.

○ Sozialbilanzen müssen stets im Hinblick auf die Besonderheiten der Unternehmen und die Informationswünsche der Bezugsgruppen konzipiert werden.

○ Sozialbilanzen unterliegen einem ständigen Wandel und ändern Gestalt und Inhalt.

○ Sozialbilanzen sollten sich nicht an einem theoretischen Idealkonzept orientieren, sondern in der Praxis lösbare Wege einschlagen.

○ Sozialbilanzen sollten pragmatisch erstellt werden und die sozialen Zusammenhänge verbalisierend darstellen.

II. Ansätze der gesellschaftsbezogenen Berichterstattung: Wie können Sozialbilanzen aussehen?

1. Unterschiedliche Sozialbilanz-Ansätze

Die unterschiedlichen Ansätze der gesellschaftsbezogenen Berichterstattung können in ihrer Bedeutung nur dann richtig eingestuft werden, wenn man sie in eine aussagefähige Systematisierung einordnen kann. Hierzu bietet sich eine Untergliederung in gesellschaftsbezogene Gesamt-, Teil- und Mischbilanzen an (Heymann 1981):

○ *Gesellschaftsbezogenen Gesamtbilanzen* liegt der Anspruch zugrunde, einen umfassenden Saldo aller positiven und negativen Umweltbeziehungen eines Unternehmens zu ermitteln. Da sie zumeist eine soziale Erfolgs- und Bestandsrechnung umfassen, sind sie relativ leicht in das traditionelle Rechnungswesen zu integrieren. Hierbei wird der Erfolg des Unternehmens nach dem herkömmlichen Jahresabschluß einfach um den Saldo aus sozialen Nutzen und sozialen Kosten der zusätzlich erfaßten Umwelteffekte korrigiert.;

○ *Gesellschaftsbezogene Teilbilanzen* verzichten dagegen auf die Festlegung eines eindimensionierten Sozialsaldos und ergänzen lediglich das traditionelle Rechnungswesen. Sie verzichten darauf, alle Umweltbeziehungen eines Unternehmens in einem Vorgang zu erfassen.

○ *Gesellschaftsbezogene Mischbilanzen* stellen Kombinationen einzelner Teilbilanzen zu einer umfassenderen Abbildung dar. Sie nutzen die Vorteile einzelner Teilbilanzen, deren Nachteile jedoch durch die zusätzliche Verwendung anderer Teilbilanzen ausgeglichen werden können, die diese Nachteile nicht besitzen.

2. Gesellschaftsbezogene Gesamtbilanzen

Streng genommen besteht eine Sozialbilanz, die als gesellschaftsbezogene Gesamtbilanz konzipiert ist, aus zwei Teilen: Einer gesellschaftsbezogenen Bestandsrechnung und einer gesellschaftsbezogenen Erfolgsrechnung.

Die *gesellschaftsbezogene Bestandsrechnung* stellt das soziale Vermögen eines Unternehmens den sozialen Schulden gegenüber. Das soziale Vermögen umfaßt das Humanvermögen und das Gemeinvermögen. Beinhaltet das *Humanvermögen* den sozialen Wert des von einem Unternehmen geschaffenen menschlichen Leistungspotentials, so umfaßt das *Gemeinvermögen* den sozialen Wert des hervorgebrachten Anlage- und Umlaufvermögens. Die sozialen Schulden setzen sich aus den Humanschulden und den Gemeinschulden zusammen. Dabei sind die *Humanschulden* als Verbindlichkeiten des Unternehmens gegenüber seinen Betriebsangehörigen zu verstehen. Die *Gemeinschulden* sind dagegen mit den auf Kosten gesellschaftlicher Bezugsgruppen geschaffenen Anlage- und Umlaufvermögen gleichzusetzen (Bild 8, Eichhorn 1974):

Soziales Vermögen	Soziale Schulden
I. Humanvermögen	I. Humanschulden
II. Gemeinvermögen in bezug auf	II. Gemeinschulden in bezug auf
1. Betriebsangehörige 2. Bevölkerung 3. Unternehmen 4. Öffentliche Haushalte	1. Betriebsangehörige 2. Bevölkerung 3. Unternehmen 4. Öffentliche Haushalte
III. Soziale Nettoschulden als Saldo	III. Soziales Nettovermögen als Saldo

Bild 8: Gesellschaftsbezogene Bestandsrechnung.

Die gesellschaftsbezogene Bestandsrechnung informiert darüber, in welchem Umfang die Unternehmensführung ihrer sozialen Verantwortung nachkommt. Hohe Verpflichtungen auf der Passivseite, denen nur geringe Werte auf der Aktivseite gegenüberstehen, lassen darauf schließen, daß die Verantwortlichen ihrer sozialen Verantwortung nicht oder nur unzureichend nachkommen.

Die *gesellschaftsbezogene Erfolgsrechnung* stellt die sozialen Nutzen den sozialen Kosten eines Unternehmens gegenüber und ergänzt diese um einen Vergleich betrieblicher Beschaffungs- und Absatzrenten. Die *Beschaffungsrente* stellt dabei den Betrag dar, den das Unternehmen über den Faktorpreis hinaus zu zahlen bereit wäre, bevor es auf den Kauf des Produktionsfaktors gänzlich verzichten würde. Die *Absatzrente* bezieht sich hingegen auf den Verkaufspreis des fertigen Produktes und gibt den Wert wieder, den das Produkt über den bezahlten Betrag hinaus für den Kunden besitzt (Bild 9, Eichhorn 1974):

Soziale Kosten	Soziale Nutzen

I. Beschaffungsrenten für
  1. Arbeitsleistungen
  2. Betriebsmittel
  3. Werkstoffe
  4. Kapital
  5. Unternehmerleistungen
  6. Vorleistungen
	I. Absatzrenten für
	  1. Produkt A
	  2. Produkt B
	  3. Produkt C
	  4. Produkt D

II. Wert der negativen externen Effekte auf
  1. Betriebsangehörige
  2. Bevölkerung
  3. Unternehmen
  4. Öffentliche Haushalte
	II. Wert der positiven externen Effekte auf
	  1. Betriebsangehörige
	  2. Bevölkerung
	  3. Unternehmen
	  4. Öffentliche Haushalte

III. Sozialer Nettonutzen als Saldo	III. Sozialer Nettoschaden als Saldo

Bild 9: Gesellschaftsbezogene Erfolgsrechnung

Gemeinsames Kennzeichen aller gesellschaftsbezogenen Gesamtbilanzen ist die Ermittlung eindimensionaler *Sozialsalden*. Mehrheitlich wählt man hierbei die monetäre Bewertungsform. Dies geschieht mit der Absicht, einen in Geldeinheiten ausgedrückten Saldo zu erhalten, den man zur Korrektur des traditionellen Jahresabschlusses benutzen könnte, und zwar wie folgt (Wysocki 1975):

      Jahreserfolg des herkömmlichen Abschlusses
+/− Saldo der gesellschaftsbezogenen Gesamtbilanz
=   In Geldeinheiten ausgedrückter Gesamtbeitrag des Unternehmens zu seiner Umwelt

Gesellschaftsbezogene Gesamtbilanzen sind, wie nach den bisherigen Überlegungen deutlich geworden ist, mit einer ganzen *Reihe von Problemen* behaftet:

○ Es ist generell in Abrede zu stellen, daß man die Vielfalt gesellschaftsbezogener Bezüge eines Unternehmens überhaupt in Geldeinheiten darstellen kann.

○ Die monetäre Bewertung gesellschaftlicher Auswirkungen erfolgt in erster Linie inputorientiert. Die durch das Unternehmen gestifteten sozialen Nutzen werden mit den dafür entstandenen Aufwendungen, die verursachten sozialen Kosten mit den hierdurch ersparten Aufwendungen gleichgesetzt.

○ Die Zusammenfassung einer ganzen Reihe von Einzelinformationen zu einem allumfassenden Sozialsaldo birgt die Gefahr in sich, unklar und unverständlich zu sein.

Fazit: Gesellschaftsbezogene Gesamtbilanzen täuschen eine rechnerische Exaktheit vor, die einfach nicht gegeben ist. Sie sind sehr theoretisch ausgerichtet und in der Praxis mit nicht zu lösenden Problemen verbunden. Gesellschaftsbezogene Gesamtbilanzen können daher nicht als praktikable Sozialbilanzansätze bezeichnet werden. Ihre Bedeutung liegt alleine im theoretischen Bereich begründet.

3. Gesellschaftsbezogene Teilbilanzen

a) Checklisten sozialer Aktivitäten

Hierbei handelt es sich um *Aktivitätenlisten*, die zumeist verbal formuliert sind und erst in einem späteren Stadium quantifiziert werden. Checklisten sozialer Aktivitäten dienen dazu, in einem ersten Schritt vorhandene gesellschaftsbezogene Beziehungen überhaupt erst einmal zu erkennen, Schwächen und Stärken hierbei zu verdeutlichen und evtl. Maßnahmen zur Abhilfe zu benennen (Arbeitskreis „Das Unternehmen in der Gesellschaft" (1975):

Bild 10: Checkliste sozialer Aktivitäten — Muster

Denkbare Sozialbereiche	Ausgeübte Sozial-aktivitäten	Bemerkungen
1. Unternehmen — Mitarbeiter		
○ Lohn und Gehalt — Entlohnungssysteme — Zahlungen aufgrund von Gesetz und Tarif — Freiwillige Zusatzzahlungen		
○ Gesetzliche und tarifliche Sozialabgaben		

Bild 10 (Fortsetzung)

Denkbare Sozialbereiche	Ausgeübte Sozialaktivitäten	Bemerkungen

○ Soziale Leistungen
  − Gesetzliche
  − Freiwillige
  − Altersversorgung und Unterstützung
  − Rentenberatung
  − Sozialeinrichtungen wie Werksarzt u.a.
  − Werksküche
  − Wohnungswesen
  − Werkswohnungen
  − Baugesellschaften
  − Eigenheimbau
  − Wohnungsvermittlung
  − Darlehen und Direktzuschüsse
  − Sport-, Erholungs- und kulturelle Einrichtungen
  − Sozialgebäude
  − Belegschaftseinkaufsmöglichkeiten
  − Rechtsbeihilfe und -beratung
  − Sammelinkasso für Lebensversicherungen
  − Personaldarlehen
  − Gastarbeiterfürsorge
  − Schwerbeschädigtenfürsorge
 	
○ Aus- und Weiterbildung
 	
○ Arbeitsgestaltung
  − Arbeitsplatzgestaltung
  − Arbeitsschutzmaßnahmen und Arbeitssicherung
  − Arbeitsorganisation
  − Personalförderung
  − Arbeitskleidung
  − Vorschlagswesen
 	
○ Sonstiges, z.B.
  − Innerbetriebliche Information
  − Innerbetriebliche Stellenausschreibung		

Bild 10 (Fortsetzung)

Denkbare Sozialbereiche	Ausgeübte Sozialaktivitäten	Bemerkungen
2. Unternehmen – Öffentlichkeit		
○ Steuerleistungen von Unternehmen und Mitarbeitern		
○ Andere Abgaben		
○ Beiträge, Spenden, Stiftungen		
○ Freistellung von Mitarbeitern für öffentliche Aufgaben		
○ Bereitstellung von betrieblichen Einrichtungen		
○ Ausschreibung von Wettbewerben		
○ Inanspruchnahme von betrieblichen Verwaltungsorganen für öffentliche Aufgaben		
○ Beratung und Mitwirkung des Unternehmens bei öffentlichen Aufgaben		
○ Katastrophenhilfe im In- und Ausland		
○ Beteiligung an Infrastrukturmaßnahmen der öffentlichen Hand – Investitionen – Bereitstellung von Know-how – Ausbildung von Fach- und Führungskräften, direkt und indirekt, z.B. durch Einsatz von Gastarbeitern		
○ Information über das Unternehmen und seine Ziele		

Bild 10 (Fortsetzung)

Denkbare Sozialbereiche	Ausgeübte Sozialaktivitäten	Bemerkungen
3. Unternehmen – Natürliche Umwelt		

○ Investitionen und Kosten im Bereich
  – Abfallbeseitigung
  – Gewässerschutz
  – Lärmbekämpfung
  – Luftreinhaltung
  – Landschaftsschutz		

○ Einsparung und Erhaltung von natürlichen knappen Rohstoffen und Energien		
○ Einsatz umweltfreundlicher Stoffe, Produkte und Verfahren		
4. Unternehmen – Wissenschaft und Forschung		

○ Forschung und Entwicklung
  – Grundlagenforschung
  – Produktbezogene Forschung
  – Anwendungsbezogene Forschung		

○ Beiträge, Spenden, Stiftungen		
○ Freistellung von Mitarbeitern für Forschungsvorhaben		
○ Wissenschaftliche Publikationen		
○ Durchführung von Lehr- und Informationsveranstaltungen		
○ Bereitstellung von Lehrmitteln		
○ Ausschreibung von Wettbewerben		

Bild 10 (Fortsetzung)

Denkbare Sozialbereiche	Ausgeübte Sozialaktivitäten	Bemerkungen

5. Unternehmen – Kunden, Verbraucher und Lieferanten
 	
○ Produktqualität
  – Sicherheit
  – Gestaltung
  – Verpackung
 	
○ Anwendungstechnische und sonstige Kundenberatung
 	
○ Verbraucheraufklärung und -beratung
 	
○ Beziehungen zu Lieferanten
 	
6. Unternehmen – Kapitalgeber
 	
○ Eigenkapitalgeber
  – Dividendenzahlungen
  – Kapitalerhöhungen, Rücklagenbildung
  – Aktieneinführung im Ausland
 	
○ Fremdkapitalgeber
  – Zinszahlungen
  – Ausgabe von Anleihen
 	
○ Informationsarbeit		

Je nach individueller Gegebenheit von Unternehmen und Entscheidungsträgern kann diese Checkliste sozialer Aktivitäten ohne größere Schwierigkeit verändert, erweitert oder verkürzt werden. Um allerdings einen möglichst umfassenden Überblick über die gesellschaftsbezogene Situation eines Unternehmens zu erhalten, empfiehlt es sich, in diesem ersten Schritt viele denkbare Sozialbereiche aufzunehmen. Nur dann nämlich dürfte gewährleistet sein, das gesamte Spektrum sozialer Nutzen zu erfassen.

b) Technische Datenkonzepte

Technische Datenkonzepte stellen regelmäßig vorzulegende *Immissionsberichte* dar. Übereinstimmende *Merkmale* aller technischen Datenkonzepte sind die (Heigl 1976)

○ Benennung einer Anzahl unmittelbar durch das Unternehmen verursachter, verschiedener chemisch-physikalischer Umweltbeeinflussungen (z.b. Schwefel, Blei, Stickstoff, Schwebstoffabscheidung),

○ Bewertung mit technisch einfachen oder relativen Maßgrößen wie mg/cbm, eventuell auch unter Einstufung nach Skalen wie bei Temperatur- und Prozentangaben,

○ Gegenüberstellung gemessener Istwerte und vorgegebener Sollwerte (Standards), die das Unternehmen entweder von staatlicher Seite erhält oder sich selbst setzt.

Damit können technische Datenkonzepte als Wirkungskataloge aufgefaßt werden, die darüber informieren, welche Folgen getroffene bzw. beabsichtigte Maßnahmen für die technisch-ökologische Umwelt eines Unternehmens besitzen.

Im Gegensatz zu einer Checkliste sozialer Aktivitäten mißt ein technisches Datenkonzept daher weniger die sozialen Nutzen, als vielmehr die *sozialen Kosten* eines Unternehmens.

Technische Datenkonzepte können sehr vielfältig aufgebaut sein und reichen von der *Erfassung der Art und des Ausmaßes verursachter Umweltbelastungen* (Budäus 1977) bis zu einer *Berichterstattung über den Stand betrieblicher Umweltschutzmaßnahmen* unter Einbeziehung zukünftiger Absichten (Fronek 1977; vgl. Bilder 11 und 12).

c) Ökologische Buchhaltung

Ähnlich wie ein technisches Datenkonzept bezieht sich auch der Ansatz der ökologischen Buchhaltung auf den Bezugsbereich „Unternehmen - physische Umwelt". Jedoch werden alle Umwelteinwirkungen nach Art einer eigenen *Finanzbuchhaltung* kontinuierlich und nach einem bestimmten Regelsystem erfaßt. Dieses System setzt sich im einzelnen *aus drei größeren Schritten* zusammen (Müller-Wenk 1980):

○ Zunächst werden die von einem Unternehmen ausgehenden Einwirkungen auf die Umwelt in physikalischen Maßeinheiten wie Gewicht, Volumen oder Menge gemessen. Berücksichtigt werden dabei Materialverbräuche, feste Abfälle, Energieverbräuche, gas- und staubförmige Abfälle, Abwässer, Abwärme

Geschäftsjahr 19.......

Aktivitätenbereich: ....

Schadstoff \ Wirkungsweise und Ausprägungen	Wirkungsweise	Meßwert (Ist)	Meßwert (Soll)	Über-/ Unterschreitung	Abwässer- belastung	Luftbelastungen	Sonstige Belastungen
Schadstoff 1							
Schadstoff 2							
"							
"							
"							
Schadstoff n							

Bild 11: Technisches Datenkonzept — Muster 1

Umweltschutzaktivitäten im Bereich der Abwasserverschmutzung

Geschäftsjahr: 19..........
Aktivitätenbereich: ....

Produkt		X . .
Menge		1000 . .
gegenwärtiger geforderter Reinigungsgrad	I	70% . .
gegenwärtiger tatsächlicher Reinigungsgrad	II	80% . .
gegenwärtiger Erfüllungsgrad	III	115% . .
zukünftig geforderter Reinigungsgrad (ab 19......)	IV	80% . .
gegenwärtiger Erfüllungsgrad zukünftiger Soll-Werte	V	100% . .
geplanter Reinigungsgrad (19.......)	VI	90% . .
zukünftiger Erfüllungsgrad (19.......)	VII	112% . .

Bild 12: Technisches Datenkonzept — Muster 2

und Bodennutzungen. Werden Produkte an andere Unternehmen verkauft, die ebenfalls dieser Buchhaltungspflicht unterliegen, so werden entsprechende Entlastungen angerechnet.

- Um diese unterschiedlichen Umwelteinwirkungen miteinander vergleichen zu können, wird ein gemeinsamer Nenner, die *ökologische Knappheit*, bestimmt. Hierzu wird je nach Art der Umweltbeeinflussung ein *Äquivalenzkoeffizient* gebildet, dessen Größe sowohl vom Umfang der erfolgten Beanspruchung als auch von der insgesamt noch zur Verfügung stehenden Reservekapazität des jeweiligen Umweltgutes abhängt. Weisen beispielsweise zwei Umwelteinwirkungen den gleichen Äquivalenzkoeffizienten auf, so wird die Umwelt je physikalischer Maßeinheit gleich stark beeinträchtigt. Hohe Äquivalenzziffern bedeuten auch hohe Umweltbelastungen, niedrige Äquivalenzkoeffizienten dagegen niedrige Umweltinanspruchnahmen.

- Schließlich werden rein rechnerisch die gemessenen Umwelteinwirkungen mit den entsprechenden Äquivalenzziffern multipliziert. Ergebnis ist die abstrakte Recheneinheit RE, die je Abrechnungsperiode über alle Einwirkungsarten summiert wird. So erhält man schließlich die Maßzahl der gesamten physikalischen Umwelteinwirkungen eines Unternehmens (Bild 13).

d) Erweiterte Sozialberichterstattung

Nach den aktienrechtlichen Vorschriften gliedert sich der jährlich zu erstellende *Geschäftsbericht* in zwei größere Bereiche auf:

- Der *Lagebericht* informiert über den Geschäftsverlauf und die Lage eines Unternehmens, insbesondere über Ereignisse, die von besonderer Bedeutung und erst nach Beendigung des abgelaufenen Geschäftsjahres eingetreten sind.

- Der *Erläuterungsbericht* enthält nähere Angaben, die dem allgemeinen Verständnis des Jahresabschlusses dienen.

Für die gesellschaftsbezogene Berichterstattung ist vor allem der Lagebericht als neuer Ansatzpunkt einer Sozialbilanz von Bedeutung. Nach herrschender Meinung ist es nämlich üblich, ihn in die beiden Bereiche *Wirtschaftsberichterstattung* und *Sozialberichterstattung* zu unterteilen (Brockhoff 1975). Innerhalb der Sozialberichterstattung können unter gesellschaftsbezogenen Rechnungsaspekten Umweltschutz-, Produkt-, Forschungs-, Sonderprogramm- und Personalbericht unterschieden werden (Heymann 1981):

Einwirkungsarten	Menge in physikalischen Maßeinheiten	Äquivalenz-koeffizienten	Recheneinheit RE
Belastungen im Unternehmen Materialverbräuche Energieverbräuche Feste Abfälle Gas- und staubförmige Abfälle Abwässer Abwärme Bodennutzungen			
Belastungen in Haushalten Materialverbräuche Energieverbräuche Feste Abfälle Gas- und staubförmige Abfälle Abwässer Abwärme Bodennutzungen			
Entlastungen durch Materialweiterlieferungen			
Gesamter physikalischer Umwelteinfluß			

Bild 13: Ökologische Buchhaltung — Muster

○ **Personalberichte** umfassen Angaben, die die Belegschaft des Unternehmens betreffen. Sie sind als erweiterte, durch Zahlenangaben konkretisierte Liste der gesellschaftsbezogenen Aktivitäten eines Unternehmens anzusehen. Damit bezieht sich ein Personalbericht auf einen mehr oder minder geordneten Katalog personalbezogener Aktivitäten sozialer Art. Beispielsweise kann er folgende Angaben enthalten: Zahl und Alterszusammensetzung der Belegschaft, Tarifverträge, Mitbestimmungsrechte, Veränderungen der Entlohnung und Arbeitszeiten, Rationalisierungen der Arbeitsplätze, Urlaubsregelungen, Nachwuchsschulungen, Lohnverhältnisse, Erholungsheime, Werksverpfle-

Geschäftsbericht							
Erläu-terungs-bericht	Lagebericht						
	Wirtschafts-bericht	Sozialbericht					
		Perso-nal-bericht	Pro-dukt-bericht	Um-welt-bericht	Son-derpro-gramm-bericht	For-schungs-bericht	
		Ansatzpunkte des gesellschaftsbezogenen Rechnungswesens					

Bild 14: Erweiterte Sozialberichterstattung innerhalb des Geschäftsberichts

gungen, Unfallschutz, Weihnachtsgratifikationen, Gewinnbeteiligungen, Pensions- und Unterstützungskassen, etc. Insgesamt bezieht sich der Personalbericht auf die Beziehungen, die schon seit langen Jahren dem Bereich der betrieblichen Sozialpolitik zuzuordnen sind.

o *Umweltschutzberichte* bestehen aus einem technischen und einem wirtschaftlichen Teil. Damit stellen sie technische Datenkonzepte, ergänzt um betriebswirtschaftliche und finanzwirtschaftliche Informationen dar. Ein Umweltschutzbericht beinhaltet finanzielle und mengenmäßige Angaben genauso, wie er verbale Umschreibungen gesellschaftlicher Auswirkungen technischer Unternehmensaktivitäten auf die natürliche Umwelt umfaßt. Beispielsweise werden hier folgende Informationen ausgebreitet: Aktuelle und potentielle Investitionsobjekte, Finanzen von Umweltschutzprojekten, Umweltschutzabmachungen, Umweltauflagen, Umweltstandards, etc.

o *Produkt-, Sonderprogramm- und Forschungsberichte* unterteilen sich ebenfalls in einen technischen und ökonomischen Bereich. Informieren Produktberichte über Maßnahmen zur Verringerung von Produktmängeln und zur Erhöhung des Konsumentennutzes, so beinhalten Sonderprogrammberichte Informationen über betriebliche Aktivitäten, die mit den Abläufen im Unternehmen unmittelbar nichts zu tun haben, jedoch geeignet erscheinen, bei der Lösung sozialer Fragen irgendwie mitzuhelfen. Forschungsberichte schließlich enthalten Angaben über Forschungsaufwendungen und Forschungsbereiche sowie die sozialen Folgen betrieblicher Forschung.

e) Wertschöpfungsrechnungen

Die betriebswirtschaftliche Wertschöpfungsrechnung stellt den Beitrag des Unternehmens zur volkswirtschaftlichen Wertschöpfung und damit zum gesamten Volkseinkommen dar. Sie wird aus dem herkömmlichen Rechnungswesen abgeleitet und beschränkt sich daher auf Zahlungsvorgänge, die aus der traditionellen Gewinn- und Verlustrechnung übernommen und nach besonderen Aspekten umgruppiert werden. Dabei existieren zwei unterschiedliche *Berechnungsmöglichkeiten*. Beide führen jedoch zu dem gleichen Ergebnis:

Enstehungsrechnung nach der Substraktionsmethode:	Verteilungsrechnung nach der Additionsmethode:
Gesamtleistungen ./. Vorleistungen	Arbeitserträge + Gemeinerträge + Kapitalerträge
= Wertschöpfung	= Wertschöpfung

Bild 14: Ermittlung der betrieblichen Wertschöpfung

Auf diesen beiden Grundrechenverfahren bauen alle betrieblichen Wertschöpfungsdarstellungen auf. Im einzelnen werden sie wie folgt konkretisiert (Bild 15, Arbeitskreis „Das Unternehmen in der Gesellschaft" 1975):

f) Gesellschaftsbezogene Aufwandsrechnungen

Ziel der gesellschaftsbezogenen Aufwandsrechnungen ist es, die aus dem traditionellen Rechnungswesen abgeleiteten Zahlen über die betrieblichen Aufwendungen den einzelnen Bezugsgruppen des Unternehmens zuzuordnen. Der Unterschied einer derartigen Rechnung zur Wertschöpfungsrechnung liegt darin, daß darüber hinaus auch die Aufwendungen für Sach- und Dienstleistungen berücksichtigt werden, die das Unternehmen von dritter Seite bezieht. Finanzielle Zuschüsse staatlicher Institutionen werden dagegen von der Summe der gesamten Aufwendungen abgezogen, da sie die Belastungen des Unternehmens verringern. Damit stellt eine gesellschaftsbezogene Aufwandsrechnung die finanziellen Inputs sozialer Aktivitäten dar.

Entstehungsrechnung	Positionsnummer nach § 157 AktG
Umsatzerlöse	1
± Erhöhung oder Verminderung des Bestandes an fertigen und unfertigen Erzeugnissen	2
= Gesamtleistung	44
+ alle übrigen Erträge	7–15[3]
= Unternehmensleistung	
− Vorleistungen außer Abschreibungen	
Aufwendungen für Roh-, Hilfs- und Betriebsstoffe sowie für bezogene Waren	5
Verluste aus Wertminderungen oder dem Abgang von Gegenständen des Umlaufvermögens außer Vorräten und Einstellungen in die Pauschalwertberichtigung zu Forderungen	21
Aufwendungen aus Verlustübernahme	25
Einstellungen in Sonderposten mit Eigenanteil[4]	
Sonstige Aufwendungen	226
= Wertschöpfung vor Abzug der Abschreibungen	
− Vorleistungen aus Abschreibungen	
Abschreibungen und Wertberichtigungen auf Sachanlagen und immaterielle Anlagewerte	19
Abschreibungen und Wertberichtigungen auf Finanzanlagen mit Ausnahme des Betrags, der in die Pauschalwertberichtigung zu Forderungen eingestellt ist	20
Verluste aus dem Abgang von Gegenständen des Anlagevermögens	22
= Wertschöpfung (nach Abzug der Abschreibungen) darin: außerordentliche Erträge gem. § 157 Abs. 1 Nr. 14 AktG[5]	

Verteilungsrechnung		Positionsnummer nach § 157 AktG
an Mitarbeiter	(Löhne und Gehälter, soziale Abgaben, Aufwendungen für Altersversorgung und Unterstützung)	16–18

Verteilungsrechnung		Positionsnummer nach § 157 AktG
an öffentliche Hand	(Steuern vom Einkommen, vom Ertrag und vom Vermögen, sonstige Steuern, Lastenausgleichsvermögensabgabe)	24a + b
an Darlehensgeber	(Zinsen und ähnliche Aufwendungen)	23
an Aktionäre/ Gesellschafter	(auf Grund einer Gewinngemeinschaft, eines Gewinnabführungs- und Teilgewinnabführungsvertrages abgeführte Gewinne, Bilanzgewinne)[6]	27 32
an Unternehmen (Rücklagenbildung)	(Gewinnvortrag/Verlustvortrag aus dem Vorjahr),[7] Entnahmen aus offenen Rücklagen, Überschuß in offene Rücklagen, Bilanzgewinn[8]/Bilanzverlust)	29 30 31 32
Wertschöpfung[9]		

3) incl. Erträge gemäß § 158 Abs. 6 AktG
4) gemäß § 158 Abs. 6 AktG
5) eventuell auch saldiert mit außerordentlichen Aufwendungen
6) gegebenenfalls nur anteilig in Höhe der Dividendenausschüttung
7) ein Gewinnvortrag wird wie eine negative Rücklagenbildung (Entnahme), ein Verlustvortrag wie eine Rücklagenzuführung behandelt; dies erklärt sich aus der für die Jahresrechnung erforderliche Saldierung mit den übrigen hier ausgewiesenen Posten.
8) gegebenenfalls nur anteilig in Höhe des Gewinnvortrags auf neue Rechnung.
9) Natürlich muß bei der Beurteilung der Kennzahlen der Aufbau der Wertschöpfungsrechnung, z.B. im Hinblick auf die Einbeziehung von Beteiligungs- und anderen Finanzerträgen, berücksichtigt werden.

Bild 15: Wertschöpfungsrechnung — Muster

Gesellschaftsbezogene Aufwandsrechnungen können durch die zusätzliche Berücksichtigung der damit zusammenhängenden sozialen Nutzen leicht zu *Aufwand-Nutzen-Rechnungen* erweitert werden. Dabei wird der durch Maßnahmen bzw.

Aufwendungen bedingte gesellschaftliche Nutzen verbal umschrieben und durch zusätzliche Informationen ergänzt.

Gesellschaftliche Aufwand-Nutzen-Rechnungen sind vor allem dann zu kritisieren, wenn ausschließlich soziale Nutzen berücksichtigt werden, verursachte soziale Kosten hingegen keine Erwähnung finden. Diesem Kritikpunkt entspricht die um die Einbeziehung sozialer Kosten ergänzte gesellschaftsbezogene *Aufwand-Nutzen-Kosten-Rechnung*. Eine derartige, nach unterschiedlichen Bezugsgruppen und Aktivitäten untergliederbare Rechnung kann beispielsweise folgende Gestalt annehmen:

Geschäftsjahr: ....

Beziehungsfeld: ....
Aktivitätenbereich: ....

Aufwand	Erläuterungen zur Leistungsart	Gesellschaftlicher Nutzen	Gesellschaftlicher Schaden

Bild 16: Gesellschaftsbezogene Aufwandsrechnung — Muster

Mit ihrer Erweiterung um die Einbeziehung sozialer Nutzen und sozialer Kosten umfassen gesellschaftsbezogene Aufwandsrechnungen nicht nur finanzielle Inputdaten, sondern auch verbale Outputinformationen.

g) Goal-Accounting

Der Ansatz des Goal-Accounting, der *zielbezogenen Berichterstattung*, geht davon aus, daß moderne Unternehmen mit einem hochentwickelten Managementsystem über einen ausgearbeiteten Katalog von Unternehmenszielen verfügen, der sowohl ökonomische als auch soziale Felder enthält. Es liegt der für den Bereich der gesellschaftlichen Auswirkungen eines Unternehmens mögliche Schluß nahe, das Unternehmen an diesen selbst gewählten sozialen Zielen zu messen (Dierkes 1976).

Damit werden soziale Ziele zu den Hauptinhalten einer Sozialbilanz. Soziale Beziehungen können zum einen unmittelbar durch den Produktionsprozeß selbst bedingt sein, zum anderen jedoch in keinem direkten Zusammenhang zu den wirtschaftlichen Aktivitäten eines Unternehmens stehen. Danach existieren sowohl soziale/gesellschaftsbezogene Produktionsziele als auch soziale/gesellschaftsbezogene Faktorziele (Heymann 1981):

- Beispiele für soziale *„Produktionsziele"*
  — Gestaltung humaner Arbeitsplätze
  — Entwicklung menschengerechter Arbeitsorganisationen
  — Sicherung von Aufstiegsmöglichkeiten innerhalb des Unternehmens
  — Schutz vor produktionsbedingten Unfällen und Krankheiten
  — Einsatz von Produktionsverfahren, die die Umwelt entlasten
  — Sparsamer Umgang mit knappen Ressourcen
  — Entwicklung umwelt- und verbraucherfreundlicher Produkte

- Beispiele für soziale *„Faktorziele"*
  — Förderung der politischen Betätigung der Mitarbeiter
  — Unterstützung kultureller Veranstaltungen und Organisationen
  — Förderung der Chancengleichheit aller Bevölkerungsschichten
  — Förderung der Funktionstüchtigkeit öffentlicher Institutionen
  — Pflege der Landschaft durch aktive Landschaftsgestaltung

Der Ansatz des *Goal-Accounting* interpretiert soziale Nutzen und soziale Kosten eines Unternehmens als Indikatoren der Erfüllung derartiger gesellschaftsbezogener Ziele. Das gesellschaftsbezogene Rechnungswesen dient der Dokumentation und Kontrolle dieser Größen. Dies bedeutet konkret, daß ein Unternehmen soziale Kosten verursacht, wenn es seine sozialen Ziele nicht oder nur unvollständig erreicht. Dagegen stiftet ein Unternehmen soziale Nutzen, wenn es seinen sozialen Zielen ganz oder teilweise gerecht werden kann. Soziale Nutzen sollen gestiftet, soziale Kosten vermieden werden (Jäger 1976).

Grundvoraussetzung für die Messung einer zielbezogenen Sozialeffizienz eines Unternehmens ist die Existenz eines sozialen Zielsystems. Ein derartiges Zielsystem muß für jede gesellschaftliche Bezugsgruppe des Unternehmens bekannt sein. So kann beispielsweise das Zielsystem der *Mitarbeiter* folgendes Aussehen annehmen (Seiwert 1979):

○ *Zielbereich „Existenzsicherung"*
   — Materielle Sicherung und Erhaltung der Arbeitsplätze
   — Soziale Sicherung gegen die Risiken des Arbeitslebens

○ *Zielbereich „Einkommen/Vermögen"*
   — Hohe und leistungsgerechte Entlohnung sowie Urlaubsgeld
   — Erfolgs- und Kapitalbeteiligung

○ *Zielbereich „Betriebsklima/Soziale Beziehungen"*
   — Angemessenes Betriebsklima, insbesondere gutes Verhältnis zu den Vorgesetzten und Kollegen
   — Anerkennung und soziales Prestige bei der Arbeit/Verantwortung

○ *Zielbereich „Mitbestimmung und Entfaltung am Arbeitsplatz"*
   — Förderung beruflicher Aus- und Fortbildung und damit der Aufstiegsmöglichkeiten
   — Vielseitige und interessante Tätigkeit/Leistung
   — Erweiterung des Entfaltungs- und Handlungsspielraumes sowie Mitwirkung und Einflußnahme im Arbeitsprozeß

○ *Zielbereich „Verbesserung der Arbeitsbedingungen"*
   — Kürzere und günstiger gelegene Arbeitszeit/Urlaub
   — Sicherheit am Arbeitsplatz (Unfall- und Gesundheitsschutz)
   — Erhöhung der Arbeitsqualität durch moderne Arbeitsplatzgestaltung

Mit seiner Zielorientierung geht das Goal-Accounting weit über den Bereich der Sozialbilanz hinaus und greift unmittelbar auf die Unternehmenspolitik selbst über. Dieser Schritt führt zu der später vorgestellten gesellschaftsbezogenen Unternehmenspolitik. Die Errichtung eines *zielorientierten gesellschaftsbezogenen Rechnungswesens* gilt als bedeutender Schritt bei der Entwicklung einer unternehmenspolitischen Konzeption sozialer Prägung (Schiemenz/Seiwert 1979). Das Goal-Accounting prägt damit die Phase eines Lernprozesses, der, basierend auf der Erkenntnis von der Verhaltenswirksamkeit von Informationen, zu einem umfassenden Managementsystem führen soll, das die systematische und rationale Durchsetzung einer sozialverpflichteten Unternehmenspolitik ermöglicht (Dierkes/Kopmann 1974). Diese integriert ökonomische und soziale Sachverhalte (Bild 17, Dierkes 1974):

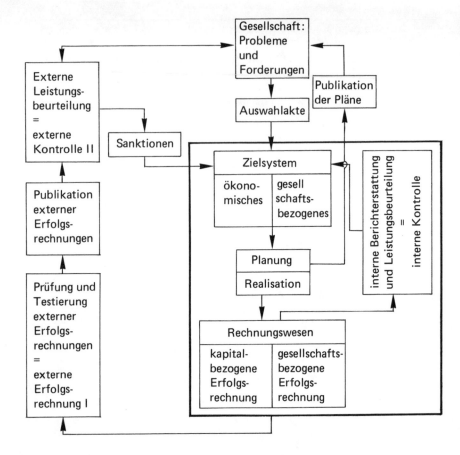

Bild 17: Goal-Accounting und gesellschaftsbezogene Unternehmenspolitik

Die Einführung eines *integrierten Managementsystems* erfordert allerdings zahlreiche Änderungen des traditionellen Managementsystems. Diese sind in erster Linie in drei „Primärbereichen" vorzunehmen (Dierkes 1977):

(1) Unternehmensplanung

○ Ergänzung bisheriger wirtschaftlicher und technologischer Vorausschauungen um zentrale gesellschaftliche Trends *(Social-Forecasting- bzw. Social-Intelligence-Funktion)*, die

- der Unternehmensleitung aktuelle Informationen über soziale Entwicklungen zur Verfügung stellen,
- darüber hinaus die Beziehungen zwischen dem Unternehmen und seinen gesellschaftlichen Bezugsgruppen aufzeigen,
- sich entweder durch die Aufgabenerweiterung bestehender Planungsstäbe oder durch die Einrichtung spezieller Vorstandsreferate mit eigenem Stab organisatorisch verankern lassen.

○ Ermittlung der durch das Unternehmen bewirkten sozialen Aktivitäten *(Technology-Assessment-Funktion)*, die
- die zukünftigen sozialen Probleme berühren,
- durch Arbeitsgruppen, deren Mitglieder aus den unterschiedlichsten betrieblichen Bereichen kommen, festgestellt werden.

○ Bestimmung der Schwerpunkte sozialer Programme für die nächste Leistungsperiode und deren Operationalisierung in Teilplänen, die
- auf die gesellschaftlichen Bezugsgruppen der Abnehmer, der Konsumenten, der Mitarbeiter, der physischen Umwelt sowie der Gemeinde/Öffentlichkeit gerichtet sind,
- entweder von der Unternehmensleitung, gleicherweise für alle Unternehmensbereiche, aber direkt vom Management der einzelnen Bereiche, oder spezifiziert für verschiedene Unternehmensbereiche und dezentral vom Management der einzelnen Bereiche durchgeführt werden.

(2) Interne Leistungsbeurteilung

○ Die Mehrzahl der Komponenten einer gesellschaftsbezogenen Unternehmenspolitik ist im wesentlichen Aufgabe des gesamten Linien-Management.

○ Das untere und mittlere Management wird gesellschaftsbezogene Aufgaben jedoch nur bei einer adäquaten Honorierung übernehmen, so daß das interne Leistungsbeurteilungssystem um soziale Kriterien erweitert werden muß.

○ Das interne Leistungsbeurteilungssystem ist um ein entsprechendes externes zu ergänzen; denn das Top-Management wird nur dann bereit sein, soziale Aufgaben durchzuführen, wenn es einen „Return on Investment" garantiert. Diese „Würdigung" kann nur von den gesellschaftlichen Bezugsgruppen des Unternehmens ausgehen und sich beispielsweise in einer höheren Nachfrage nach den Produkten dieses Unternehmens niederschlagen.

(3) Betriebliches Informationssystem

○ Interne und externe Leistungsbeurteilungen können jedoch nur dann um soziale Kriterien erweitert werden, wenn entsprechende Daten erhoben, berichtet, testiert und geprüft werden können.

○ Grundvoraussetzung für eine integrierte Unternehmenspolitik ist damit das gesellschaftsbezogene Rechnungswesen.

Mit seinen Grundbausteinen nimmt das Goal-Accounting damit eindeutig Bezug auf eine freiheitlich-demokratische Gesellschaftsordnung. Im Mittelpunkt steht das

(4) Verhältnis zwischen Unternehmen und gesellschaftlichen Bezugsgruppen

○ Zu jedem Zeitpunkt existieren unterschiedliche Bezugsgruppen mit unterschiedlichen gesellschaftsrelevanten Problemen.

○ Das Unternehmen erfaßt diese sozialen Themen durch eigene gesellschaftliche Vorausschauen, nimmt sie in seinen Entscheidungsbereich auf und legt eine entsprechende gesellschaftsbezogene Berichterstattung vor.

○ Dabei kommt das Unternehmen aktuellen und potentiellen gesellschaftlichen Forderungen seiner Bezugsgruppen nur in dem Maße nach, wie diese über ein gewisses Vermögen an gesellschaftlichen Druckmitteln verfügen. Das Unternehmen nimmt gesellschaftliche Forderungen immer dann in sein eigenes Zielsystem auf, wenn es aufgrund bestimmter Drucksituationen dazu veranlaßt wird.

○ Allerdings besteht hierbei die Gefahr, daß die Auswahl sozialer Aktivitäten durch die Unternehmensleitung nicht danach geschieht, welche Probleme am wichtigsten sind, sondern danach, welche Gruppen der Gesellschaft den stärksten Druck auszuüben vermögen. Das Unternehmen hat daher auch soziale Probleme gesellschaftlicher Minderheiten in einem gewissen Umfang zu berücksichtigen.

h) Betriebliche Sozialindikatoren

Soziale Ziele wie Arbeitszufriedenheit oder Arbeitsqualität müssen konkreter formuliert werden, damit sie aussagefähig erscheinen. Diesem Ziel dienen betriebliche Sozialindikatoren. Sie stellen Kennziffern dar, die uns helfen sollen, Urteile über den Zustand und die Veränderungen wichtiger sozio-ökonomischer Problembereiche der Gesellschaft zu fällen.

So ist es beispielsweise möglich, den Zielbereich „Länge der Arbeitszeit" durch folgende Sozialindikatoren näher zu konkretisieren (DGB-Bundesvorstand 1979):

○ Tarifliche Wochenarbeitszeit bezogen auf die Zahl der Arbeitnehmer
  — unter 40 Stunden
  — unter 41 Stunden
  — über 41 Stunden

○ Durchschnittliche Wochenarbeitszeit je Arbeitnehmer in Stunden

○ Überstunden je Arbeitnehmer und Monat

○ Ausfallzeiten in Stunden
  — Urlaub (%)
  — Erholungszeiten (%)
  — Krankheit (%)
  — Unfälle (%)
  — Bildung (%)
  — Sonstige Gründe (%)

○ Ausgleich der Ausfallzeiten durch
  — Überstunden
  — Vollzeitbeschäftigte
  — Teilzeitbeschäftigte
  — Befristete Arbeitsverhältnisse
  — Leiharbeitnehmer
  — Fremdarbeitnehmer
  — Sonstiges

○ Kurzarbeitsstunden je Arbeitnehmer
  — Zahl der betroffenen Arbeitnehmer

○ Arbeitnehmer mit ständigem Arbeitsplatz
  — bis 10 km
  — 10 bis 40 km
  — Mehr als 40 km von der Wohnung entfernt

Soziale Indikatoren erfordern jedoch einen Überblick der Zusammenhänge zwischen Unternehmen und Bezugsgruppen. Dies setzt zum einen die Kenntnis theoretischer Beziehungen voraus und basiert zum anderen auf der Annahme gesicherter empirischer Erhebungen. Beides ist heute nur bedingt gegeben. So kann es auch nicht verwundern, daß praktikable Lösungsansätze sozialer Indikatoren für den Unternehmensbereich heute kaum existieren.

	Checklisten sozialer Aktivitäten	Technische Datenkonzepte	Ökologische Buchhaltung	Erweiterte Sozialberichterstattung
Vorteile	o leicht verständlich o einfach zu erstellen o geringe Kosten o guter Überblick über das Spektrum sozialer Aktivitäten (Grobübersicht)	o meßbare Erfassung physikalisch-technischer Umwelteinflüsse o Soll-Ist-Vergleiche innerhalb und zwischen Unternehmen möglich o standardisierbar o überprüfbar	o quantitative Erhebung der gesamten physikalisch-technischen Umwelteffekte o Soll-Ist-Vergleiche innerhalb und zwischen Unternehmen möglich o standardisierbar o überprüfbar	o verbale Beschreibungen o Statistiken, Schaubilder, Diagramme, Tabellen o quantitative Daten o leicht verständlich
Probleme	o ungeeignet für inner- und zwischenbetriebliche Vergleiche o keine Aussage über die Intensitäten sozialer Verantwortlichkeiten o geringe Standardisierungen	o Erfassung überwiegend sozialer Kosten o keine Berücksichtigung sozio-ökonomischer und finanzieller Informationen o zeit- und kostenintensive Erstellung o schwer verständlich	o methodische Meß- und Bewertungsschwierigkeiten o überwiegende Inputorientierung o starke Betonung sozialer Kosten o zeit- und kostenintensive Erstellung o vorwiegend für Spezialisten	o schwierig bei inner- und zwischenbetrieblichen Vergleichen o Gefahr unsystematischer Erfassungen („Verzettelung") o kaum zu vereinheitlichen

Bild 18: Gesellschaftsbezogene Teilbilanzen im Vergleich – Teil 1

	Wertschöpfungsrechnungen	Gesellschaftsbezogene Aufwandsrechnungen	Goal-Accounting	Betriebliche Sozialindikatoren
Vorteile	o Entwicklung der Einkommen der Bezugsgruppen („Machtentwicklung") o einfach zu erstellen o geringe Kosten o leicht verständlich o standardisierbar o überprüfbar	o Erfassung sozialer Nutzen und sozialer Kosten o verbale Beschreibungen und finanzielle Aufwendungen o leicht verständlich o flexibel zu handhaben	o Systematisches Vorgehen anhand von Zielen o Erfassung sozialer Nutzen und sozialer Kosten o Integration in die allgemeine Unternehmenspolitik o nachvollziehbar o Input- und Outputorientierung	o Konkretisierung allgemeiner sozialer Vorstellungen und Aktivitäten o Integration in die allgemeine Unternehmenspolitik o nachvollziehbar o Input- und Outputorientierung
Probleme	o ausschließliche Umgruppierung der traditionellen Gewinn- und Verlustrechnung o Rechnerische Abgrenzungsprobleme o starker Inputbezug o überwiegende Monetarisierung o keine sozialen Kosten	o Überwiegende Inputorientierung o Probleme der Erfassung und Abgrenzung sozialer Effekte o begrenzte Standardisierungen	o Auswahl der Ziele o Operationalisierung der Ziele o kaum zu standardisieren o schwierige inner- und zwischenbetriebliche Vergleiche	o empirisch schwer zu belegen o theoretische Grundlagen notwendig o hohe Kosten o schwer verständlich

Bild 18: Gesellschaftsbezogene Teilbilanzen im Vergleich – Teil 2

i) Zusammenfassung

Der kurze Überblick über das Gebiet der sozialen Teilbilanzen vermittelt zahlreiche Hinweise darauf, wie eine Sozialbilanz ausgestaltet werden könnte. Leider existiert bis jetzt kein Sozialbilanzansatz, der neben sichtbaren Vorteilen nicht auch mit mehr oder minder schwerwiegenden Rechnungslegungsproblemen behaftet ist. Im einzelnen ergibt sich hierzu folgendes Bild (vgl. S. 56f.).

4. Gesellschaftsbezogene Mischbilanzen

4.1 Anforderungen an eine gesellschaftsbezogene Berichterstattung

Aus den Vorteilen und Problemen von gesellschafsbezogenen Teilbilanzen leiten sich gleichzeitig die *Anforderungen* ab, die *an einen praktikablen Ansatz einer Sozialbilanz* zu stellen sind:

o Eine gesellschaftsbezogene Berichterstattung muß sowohl soziale Nutzen als auch soziale Kosten erfassen.

o Die Bewertung sozialer Umweltbeziehungen darf nicht nur inputorientiert erfolgen, sondern hat darüber hinaus auch den Erfolg der Aufwendungen, die für soziale Zwecke eingestellt werden, zu berücksichtigen.

o Soziale Effekte können und dürfen nicht gegeneinander aufgerechnet und zu einem Gesamtsaldo aller gesellschaftsbezogenen Wirkungen zusammengefaßt werden.

o Die Vielfalt betrieblicher Umweltaspekte macht eine Kombination quantitativer und qualitativer Meßverfahren erforderlich.

o Gesellschaftsbezogenes und traditionelles Rechnungswesen berühren sich in vielen Punkten und sind, wo immer dies möglich erscheint, miteinander zu verbinden.

o Bei der Bestimmung und Bewertung gesellschaftsbezogener Effekte sollen möglichst alle Betroffenen herangezogen werden.

Derartigen Anforderungen kann eine Sozialbilanz nur dann entsprechen, wenn man den Ansatz einer gesellschaftsbezogenen Mischrechnung zugrundelegt, d.h. eine *Kombination unterschiedlicher Teilansätze* wählt. Die bekannteste gesellschaftsbezogene Mischrechnung stellen dabei die *„Empfehlungen zur aktuellen Gestaltung gesellschaftsbezogener Unternehmensrechnung"* dar, die der Arbeitskreis

Sozialbilanz-Praxis bereits im April 1977 vorlegte (Arbeitskreis Sozialbilanz-Praxis 1977).

b) Der Sozialbilanz-Ansatz des Arbeitskreises Sozialbilanz-Praxis

Der aus Vertretern der betrieblichen Praxis zusammengesetzte Arbeitskreis legte zum ersten Male einen konkreten und geschlossenen Vorschlag aus dem Bereich der gesellschaftsbezogenen Mischrechnungen vor (Arbeitskreis Sozialbilanz-Praxis 1977).

Explizit werden hiermit fünf Ziele verfolgt:

○ Formulierung gesellschaftsbezogener Ziele und Maßnahmen,
○ Sammlung und Darstellung der sozialen Leistungen und ihrer Auswirkungen zur Erweiterung des unternehmensbezogenen Planungs- und Kontrollinstrumentariums,
○ Information aller Personen, die mit dem Unternehmen in Beziehung stehen, über Ausmaß und Entwicklung der gesellschaftsbezogenen Aktivitäten und Aufwendungen,
○ Beschreibung und zahlenmäßige Erfassung der Wirkungen (Output) sozialer Aufwendungen (Input),
○ Periodische und nachprüfbare Darlegung der im und vom Unternehmen ausgeübten gesellschaftlichen Verantwortung.

Von diesen Zielvorstellungen ausgehend, nimmt der Arbeitskreis eine *Dreiteilung der Sozialbilanz* vor. Danach hat sie aus *drei Elementen* zu bestehen:

○ Sozialbericht
○ Wertschöpfungsrechnung
○ Sozialrechnung

Nur, wenn alle drei Teilbilanzen in einem einheitlichen Konzept zusammengefaßt werden, ist es angebracht, von einer Sozialbilanz zu sprechen (Faltlhauser 1978).

Besonderes Gewicht legt der Arbeitskreis dabei auf die Tatsache, daß sein Sozialbilanz-Konzept zu keiner starren Festschreibung einmal entwickelter Darstellungsformen führen soll, sondern als grobes *Raster* zu verstehen ist, in dem sich die einzelnen Unternehmen entsprechend ihren betrieblichen Besonderheiten bewegen können.

aa) Der Sozialbericht

Der *Sozialbericht* stellt die Ziele, Maßnahmen, Leistungen und Wirkungen gesellschaftsbezogener Aktivitäten der Unternehmen verbal dar. Er kann als Weiterentwicklung der innerhalb des traditionellen Geschäftsberichts schon seit Jahrzehnten angelegten Sozialberichterstattung im Rahmen eines umfassenderen Sozialbilanz-Konzepts verstanden werden. Dabei bildet er eine Ergänzung zu den beiden Elementen Wertschöpfungsrechnung und Sozialrechnung, auf die er sowohl inhaltlich als auch formal Bezug nimmt.

Die Aufgabe des Sozialberichts besteht darin, die in den beiden anderen Teilen der Sozialbilanz ausgewiesenen Geldgrößen zu erläutern und Informationen über die nicht quantifizierbaren sozialen Aktivitäten zu geben. Einen besonderen Stellenwert erhält hierbei die outputorientierte Betrachtungsweise, nach der in erster Linie die Folgen und weniger das Zustandekommen gesellschaftsbezogener Aufwendungen dargestellt werden.

Dieser *Outputbezug* wird durch eine Reihe ergänzender, regelmäßig oder unregelmäßig einzubauender Statistiken hervorgehoben (Arbeitskreis Sozialbilanz-Praxis 1977):

Regelmäßig einzubauende Statistiken

○ *Statistiken zu Personalstruktur und Personalentwicklung*

Dabei kann differenziert werden nach:
— Gewerblichen Arbeitnehmern, Tarifangestellten, außertariflichen Angestellten, Auszubildenden
— Lebensalter und Dienstalter
— Geschlecht
— Nationalität
— Status
— Arbeitsbereichen und Berufen
— Zu- und Abgängen (Erfassung der Fluktuation)
— etc.

○ *Statistiken zu den Verdiensten*

Dabei kann differenziert werden nach:
— Löhnen und Gehältern in Anlehnung an Erhebungen von Behörden und Verbänden (z.B. jährliche Verdiensterhebungen des Bundesarbeitgeberver-

bandes Chemie und vierteljährliche Verdiensterhebung des Statistischen Bundesamtes)
- Tarif- und Effektivverdiensten
- Bruttoverdiensten und Lebenshaltungskosten
- Tarifgruppen
- etc.

○ *Statistiken zu Personalkosten und Personalkostenentwicklung*

Dabei kann differenziert werden nach:
- Löhnen und Gehältern, sozialen Abgaben und Aufwendungen für Altersversorgung und Unterstützung gemäß Gewinn- und Verlustrechnung
- reinem Leistungsentgelt und Lohnnebenkosten
- einzelnen Aufwandsgrößen (z.b. Jahresleistung, Vermögensbildung, werksärztliche Betreuung, usw.)
- Gesamt- und Pro-Kopf-Aufwand
- etc.

○ *Statistiken zur Vermögensbildung*

Dabei kann differenziert werden nach:
- betrieblichen und tariflichen Formen
- Eigenbeteiligung der Mitarbeiter und Zuschuß des Unternehmens
- etc.

○ *Statistiken zur Arbeitszeit*

Dabei kann differenziert werden nach:
- effektiv geleisteten und tarifvertraglich vereinbarten Arbeitszeiten
- Gründen der Ausfallzeiten (z.B. Urlaub, Krankheit, Feiertage, usw.)
- Mehrarbeit im gewerblichen Bereich und im Angestellten-Bereich
- etc.

○ *Statistiken zum Unfallgeschehen*

Dabei kann differenziert werden nach:
- Betriebs- und Wegeunfällen
- Unfallhäufigkeit, Unfallschwere und ausgefallenen Arbeitstagen
- Unfallursachen
- etc.

Unregelmäßig einzubauende Statistiken

○ *Statistiken zur Altersversorgung*

Dabei kann differenziert werden nach:
— Rentenzahlungen und Rentenbeziehern (Pensionäre, Hinterbliebene)
— etc.

○ *Statistiken zum betrieblichen Vorschlagwesen*

Dabei kann differenziert werden nach:
— Zahl der eingereichten und prämiierten Verbesserungsvorschläge
— Prämienhöhe
— etc.

○ *Statistiken zur Aus- und Weiterbildung*

Dabei kann differenziert werden nach:
— Zahl der Auszubildenden, Ausbildungsberufen, Kosten der Berufsausbildung
— Maßnahmen, Teilnehmern und Kosten der beruflichen Weiterbildung
— etc.

○ *Statistiken zur Information*

Dabei kann differenziert werden nach:
— Informationsmitteln und -wegen im Unternehmen
— Übersicht über vorhandene Informationsträger
— etc.

Bild 19: Statistiken im Sozialbericht

bb) Die Wertschöpfungsrechnung

Die *Wertschöpfungsrechnung* stellt den von den Unternehmen in einer bestimmten Periode geschaffenen Wertzuwachs dar. Da sie ausschließlich Zahlungsströme umfaßt, ist es vielfach üblich, sie als Bindeglied zwischen traditionellem und gesellschaftsbezogenem Rechnungswesen zu bezeichnen. Hierbei zeigt sie die Leistungen durch ihre nach Bezugsgruppen geordneten Darstellung der Daten anschaulicher, als es die aktienrechtlichen Vorschriften ermöglichen.

Wertschöpfungsrechnungen klammern in der Regel die Vorleistungen anderer Unternehmen aus. Sobald aber diese Vorleistungen in die betriebliche Wertschöpfungsrechnung einbezogen werden, spricht man von betrieblicher *Leistungsrechnung*. Diese ist zahlenmäßig identisch mit der Sozialrechnung.

cc) Die Sozialrechnung

Die zahlenmäßige Darstellung aller gesellschaftsbezogenen Aufwendungen der Unternehmen in einer bestimmten Periode sowie die direkt erfaßbaren gesellschaftsbezogenen Erträge bezeichnet man als *Sozialrechnung*. Sie ist eine Aufwandsrechnung, die durch direkt empfangene geldwerte Erträge, wie etwa staatliche Subventionen ergänzt wird. Indirekt dem Unternehmen zugute kommende Leistungen, wie beispielsweise eine gut ausgebaute Infrastruktur, werden dagegen nicht erfaßt, da die hierbei auftretenden Quantifizierungs- und Abgrenzungsprobleme zu groß sind. Durch Rechnungen oder Schätzungen zu ermittelnde geldwerte Sonderleistungen, wie Garantieleistungen oder Sonderabschreibungen, werden nur dann berücksichtigt, wenn deren Abgrenzung eindeutig und der anfallende rechnerische Aufwand vertretbar ist.

Die Sozialrechnung will zweierlei erreichen: Zum einen sollen die finanziellen Belastungen, die den Unternehmen bei der Durchführung ihrer sozialen Aufgaben entstehen, aufgezeigt werden, zum anderen gilt es darzulegen, daß den Unternehmen durch Teile der Gesellschaft Erträge zufließen, für die sie keine Gegenleistung erbringen.

Zur größeren Anschaulichkeit ist die Sozialrechnung in die Hauptbezugsfelder der Mitarbeiter, der Kapitalgeber, des Staates, der Öffentlichkeit, der natürlichen Umwelt und der Unternehmen zu untergliedern. Dabei bleibt es jedem Unternehmen allerdings freigestellt, unter individuellen Aspekten eine andere Einteilung vorzunehmen (Bild 20, Arbeitskreis Sozialbilanz-Praxis 1977).

c) Möglichkeiten der Weiterentwicklung

Die bereits bestehenden Ansätze fordern dazu auf, nach Möglichkeiten einer praxisorientierten Weiterentwicklung zu suchen. Eine dieser Möglichkeiten bietet der „Sozialbericht", wie er in den Rahmenempfehlungen des Arbeitskreises Sozialbilanz-Praxis dargestellt wird.

I. Unternehmen und Mitarbeiter

1. Löhne und Gehälter
2. Leistungen, die den aktiven Mitarbeitern direkt zufließen:
   z.B. Jahresprämien, Weihnachtszuwendungen, Urlaubsgeld, vermögenswirksame Leistungen, Lohnfortzahlungen, sonstige Vergütungen/Rabatte, Prämien für Verbesserungsvorschläge, Zuwendungen an Arbeitsjubilare, Geburtsbeihilfen, Heiratsbeihilfen, Mietzuschüsse, Kinderzuschüsse, aus Wettbewerben resultierende Prämien, Leistungen aus Sozialplänen
3. Leistungen, die den ausgeschiedenen Mitarbeitern direkt zufließen:
   z.B. Pensionszahlungen, Zahlungen an Hinterbliebene, Leistungen aus Sozialplänen
4. Leistungen, die den Mitarbeitern indirekt zufließen:
   z.B. Arbeitgeberbeitrag zur Rentenversicherung, Arbeitgeberbeitrag zur Krankenversicherung, Arbeitgeberbeitrag zur Rentenversicherung, Berufsgenossenschaft, Kostenübernahme für Betriebskrankenkasse, Insolvenzsicherung, Pensionsrückstellungen ./. Pensionszahlungen
5. Leistungen, die den Mitarbeitern in ihrer Gesamtheit zufließen:
   z.B. Aus- und Weiterbildung, Unfallverhütung, betriebsärztlicher Dienst, Mitarbeiterinformation, Kantine, Ferienheim/Firmenurlaub, Firmenwohnungen, Zuschüsse an Sportvereine, Arbeitskleidung, sonstige Kosten für soziale Sicherheit und Betreuung

II. Unternehmen und Kapitalgeber
   z.B. Bruttodividenden (Dividenden plus Kapitalertragssteuer), Zinsen

III. Unternehmen und Staat
   z.B. Steuern und Abgaben, allgemeine und branchenbezogene Gebühren, abzüglich: direkt erfaßbare gesellschaftsbezogene Erträge

IV. Unernehmen und Öffentlichkeit
   z.B. Spenden und Beiträge an Vereine und Verbände sowie karitative Organisationen, Förderung von Kultur und Wissenschaft

V. Unternehmen und natürliche Umwelt
   z.B. Investitionen und Ausgaben für Umweltschutz

VI. Unternehmen
   z.B. Rücklagenbildung, Aufwendungen für Forschung und Entwicklung

Bild 20: Schema einer Sozialrechnung

aa) Ansatzpunkt I: Schwerpunktartige Berichterstattung

Zur Erhöhung des Informationswertes gesellschaftsbezogener Berichterstattungen ist es erwünscht, daß jeweils besonders aktuelle Bereiche schwerpunktartig herausgestellt werden.
Damit ist der Sozialbericht als Träger einer zeitgemäßen betrieblichen Sozialpolitik angesprochen. Diese schlägt sich, bezogen auf die Mitarbeiter, in zwei Weiterentwicklungsmöglichkeiten nieder:

(1) Weiterentwicklung: Die funktionsorientierte betriebliche Sozialpolitik

Gemessen an heutigen Zielen und Grundsätzen betrieblicher Sozialpolitik, können für die Mehrheit der Unternehmen generell folgende *Felder als betriebliche, zeitgemäße Sozialleistungen* eingestuft werden (Heymann 1983):

○ Lohn- und Gehaltszuschüsse
  – Weihnachtsvergütung
  – Urlaubszuschuß

○ Erfolgs- und Kapitalbeteiligungen
  – Umsatzbeteiligung
  – Wertschöpfungsbeteiligung
  – Gewinnbeteiligung
  – Arbeitnehmerdarlehen
  – Obligationen
  – Belegschaftsaktien

○ Gesundheitsfürsorge und Unfallvorsorge
  – Werksärztlicher Dienst
  – Betriebskrankenkasse
  – Werksverpflegung
  – Unfallverhütung
  – Ergonomie

○ Betriebliches Vorschlagswesen
  – Vorschlagsprämie
  – Erfindervergütung
  – Vorschlagswettbewerb
  – Qualitätszirkel/Lernstatt

○ Betriebliche Aus- und Weiterbildung
  – Bildungsinhalte für Führungskräfte, Tarifangestellte und gewerbliche Mitarbeiter

- Bildungsmethoden in Form von partizipativen Ansätzen

○ Betriebliche Fürsorge und Familienhilfe
  - Kinder im Betrieb
  - Unterstützungsfonds
  - Sozialberatung und Sozialbetreuung
  - Kindergarten
  - Kinderverschickung
  - Ferienheime

○ Flexible Arbeitszeiten
  - Gleitende Arbeitszeit
  - Jahresarbeitszeitvertrag
  - Job Sharing
  - Teilzeitarbeit
  - Sabbatical (Langzeiturlaub)

○ Humanisierung der Arbeitswelt
  - Job Enrichment
  - Job Enlargement
  - Job Rotation
  - Teilautonome Arbeitsgruppen

○ Partizipative Führung
  - Führungsgrundsätze
  - Mitarbeiterorientierter Führungsstil
  - Mitwirkungsbezogenes Führungsmodell
  - Individualisiertes Informations- und Kommunikationssystem

○ Betriebliche Altersversorgung
  - Pensionsverpflichtung
  - Unterstützungskasse
  - Pensionskasse
  - Direktversicherung
  - Freiwillige Höher- oder Selbstversicherung in der gesetzlichen Rentenversicherung

In regelmäßig wechselnden Abständen wird über mehrere dieser oder ähnlicher Bereiche informiert. Dabei sollte die Gliederung den vorgenommenen Einteilungsgruppierungen sozialer Leistungen folgen. Dies gilt selbstverständlich auch für die Leistungen, die das Unternehmen anderen gesellschaftlichen Bezugsgruppen gegenüber erbringt.

(2) Weiterentwicklung: Die gruppenspezifische betriebliche Sozialpolitik

Neben den mehr funktionsorientierten betrieblichen Sozialleistungen erbringen die Unternehmen in verstärktem Maße Leistungen, die ausschließlich auf bestimmte Gruppen, beispielsweise innerhalb der Belegschaft, zugeschnitten sind. Eine besondere Bedeutung kommt hierbei unter den aktuellen gesellschaftspolitischen Gegebenheiten insbesondere folgenden Gruppen zu:

○ Ältere Mitarbeiter
  − Gleitender Übergang in den Ruhestand
  − Vorbereitungsprogramme auf den Ruhestand
  − Kündigungsschutz im Alter
  − Verdienstsicherung in den letzten Jahren der Erwerbstätigkeit
  − Arbeitsplatzgestaltung mit Rücksicht auf das besondere Leistungsbild älterer Menschen
  − Altersbezogene Arbeitsorganisation
  − Intensivierte Gesundheitsfürsorge

○ Jugendliche Mitarbeiter
  − Ausbildungsmöglichkeiten über den eigenen Bedarf hinaus
  − Fahrgeldzuschüsse und Fahrgelderstattungen
  − Gesellschafts- und bildungspolitische Veranstaltungen
  − Bildungsurlaub und Bildungsfreistellungen
  − Vorbeugende Gesundheitsmaßnahmen

○ Behinderte Mitarbeiter
  − Einstellungen behinderter Arbeitnehmer zumindest in Höhe der gesetzlich vorgeschriebenen Quoten
  − Sozialberatung und Sozialbetreuung für spezifische Probleme Behinderter
  − Behindertengerechte Arbeitsplätze
  − Zusatzurlaub und Zusatzfreizeiten
  − Kuren und Heilverfahren
  − Werksärztliche Gesundheitsfürsorge

Der Sozialbericht sollte regelmäßig zumindest eine dieser Gruppen gezielt ansprechen.

bb) Ansatzpunkt II: Bedürfnisorientierte Berichterstattung

Ein wesentliches Hilfsmittel zur Bewertung gesellschaftsbezogener Maßnahmen eines Unternehmens sind Befragungen innerhalb und außerhalb dieses Unternehmens.

(3) Weiterentwicklung: Befragungen der Mitarbeiter

Eine Möglichkeit zur Ermittlung der in den verschiedenen Mitarbeitergruppen vorhandenen Ansichten über die Wichtigkeit und Dringlichkeit bestimmter gesellschaftsbezogener Maßnahmen besteht in der Durchführung gezielter Mitarbeiterbefragungen (Seiwert 1983). Sie dienen in gewissem Sinne der Messung des Arbeitsklimas eines Unternehmens:

○ Welche Sozialleistungen werden in welcher Reihenfolge gewünscht?
○ Über welche Konkurrenzleistungen auf diesem Gebiet wird überhaupt gesprochen?
○ Welchen Nutzen verspricht man sich von neuen oder veränderten Sozialleistungen?
○ In welcher Häufigkeit tauchen soziale Vorstellungen und Wünsche auf?
○ Welche Auswirkungen hätte die Einführung bzw. die Nichteinführung bestimmter Sozialleistungen?
○ Welche Auswirkungen hätte die Abschaffung bzw. die Einschränkung bestimmter Sozialleistungen?
○ Welche Vorstellungen bestehen über die Höhe und die Ausgestaltung einzelner Sozialleistungen?

Mit der Beantwortung dieser und weiterer Fragen kann das Unternehmen relativ leicht auf die gesellschaftsbezogenen Bedürfnisse seiner Mitarbeiter schließen.

Zusätzlich ist es möglich, durch Anordnung der Befragungsergebnisse auf einer Zahlenskala soziale Indikatoren zu erstellen.

Beispiel: Ordnen Sie den Nutzen, den Ihrer Meinung nach die betriebliche Sozialberatung stiftet, in eine Skala ein, deren höchster Wert durch die Ziffer 10, deren niedrigster Wert durch die Ziffer 1 angegeben wird. Durch Addition aller Einzelantworten und Ermittlung des entsprechenden arithmetischen Mittels erhält man somit einen sozialen Indikator, der angibt, wie die Belegschaft die sozialen Aktivitäten des Unternehmens auf dem Gebiet der Sozialberatung einstuft. Da dieser Wert auf den persönlichen Vorstellungen der Mitarbeiter beruht, bezeichnet man ihn auch als *subjektiven sozialen Indikator*.

(4) Weiterentwicklung: Befragung der Umwelt

In ähnlicher Form lassen sich auch soziale Indikatoren für andere gesellschaftliche Bezugsgruppen gewinnen. Fragen zur Konstruktion subjektiver Sozialindikatoren können beispielsweise auf folgende Art formuliert und an unterschiedliche Umweltgruppen gerichtet werden:

- Wie schätzen Sie die durch das Unternehmen bewirkten Umweltbelastungen ein?
- Glauben Sie, daß das Unternehmen für Zwecke der Umwelterhaltung genug investiert?
- Halten Sie die Spenden und Beiträge des Unternehmens für sportliche und kulturelle Zwecke für hinreichend?
- Entspricht Ihrer Meinung nach die Steuerleistung des Unternehmens der Inanspruchnahme gesellschaftlicher Leistungen?
- Wendet das Unternehmen genügend Mittel für Forschung und Entwicklung auf?
- Halten Sie die Produkte, die das Unternehmen herstellt, für ungefährlich und konsumentenfreundlich?
- Wie beurteilen Sie die sozialen Leistungen des Unternehmens gegenüber seinen Mitarbeitern?
- Sollte das Unternehmen insgesamt mehr für die Gesellschaft tun?
- Ist Ihrer Meinung nach das betriebliche Engagement für die Probleme der Entwicklungsländer groß genug?

Auch bei diesen oder ähnlichen Fragen ist die Vorgabe einer zahlenmäßigen Bewertungsskala mit den Extremwerten 10 und 1 zu empfehlen.

Wir möchten unterstreichen, daß das Unternehmen, das sich hierzu entschließt, damit ein offensives Argumentationsmittel erhält, das erlaubt, den Gesellschaftskritikern zuvorzukommen. In diesem Sinne ist es ein fundamentales, strategisches Unternehmungsplanungsinstrument.

cc) Ansatzpunkt III: Zielbezogene Berichterstattung

Das Messen an Zielen oder Normen, unabhängig davon, ob diese vom Unternehmen oder von seinen gesellschaftlichen Bezugsgruppen gesetzt werden, dient im wesentlichen der Bewertung gesellschaftlicher Aktivitäten des Unternehmens. Die Beantwortung der umwelt- und mitarbeiterbezogenen Fragen dient als Basis für die Zielvorgabe.

(5) Weiterentwicklung: Leitvorstellungen für die Mitarbeiter

Rationelles Vorgehen erfordert auch auf sozialem Gebiet die Orientierung an gewissen Leitvorstellungen des Handelns. Diese treten in konkreten Zielen in Erscheinung. Bezogen auf die Mitarbeiter heißt dies: Das Unternehmen hat ein soziales Zielsystem für die Mitarbeiter aufzustellen (Seiwert 1979/a) und sein gesellschaftsbezogenes Handeln hiernach auszurichten. Die Struktur eines derartigen Zielsystems sieht folgendermaßen aus:

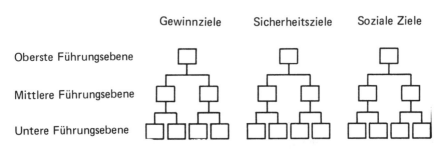

Bild 21: Struktur eines Zielsystems

Auf oberster Ebene könnte ein *Gewinnziel* die Kapitalrendite sein, auf nächster Ebene z.B. Verkaufsumsätze und Kosten größerer Unternehmensbereiche, und die unterste Ebene könnte Budgets der Kostenstellen umfassen.

Bei den Sicherheitszielen stehen in der Regel die Erhaltung oder Erreichung einer bestimmten Liquidität und die Erhaltung der Unabhängigkeit im Vordergrund. *Am heterogensten und am schwierigsten zu umschreiben sind die sozialen Ziele, also die Ziele einer gbB.*

Gewinnziele und Sicherheitsziele lassen sich in der Regel wesentlich leichter operational (d.h. meßbar bezüglich Qualität, Quantität, zeitlichem und örtlichem Bezug) formulieren als soziale Ziele. Eine allgemeine Umschreibung sozialer Ziele könnte etwa lauten: *Verbesserung der Lebensqualität.* Eine solche Formulierung ließe sich allenfalls in Geschäftsgrundsätzen noch vertreten, aber als unternehmerische Zielvorstellung ist sie unbrauchbar, weil sich davon kaum Maßnahmen ableiten lassen. Die sozialen Ziele sollen auch mit den Gewinn- und Sicherheitszielen abgestimmt werden können.

(6) Weiterentwicklung: Leitvorstellungen für die Umwelt

Genauso ist auch ein gesellschaftsbezogenes Zielsystem für die übrigen gesellschaftlichen Bezugsgruppen, hier verkürzt als Umwelt bezeichnet, aufzustellen. Auch hierbei gilt die Bezugnahme auf die Vorstellungen in der Gesellschaft. Dazu kann das Unternehmen im einzelnen (Dierkes 1974)

- bestehende Interessenvertretungsorgane wie Gewerkschaften, Verbraucherverbände und Lieferantengemeinschaften um die Angabe repräsentativer Zielsysteme bitten,
- Delphi-Panels, die sich aus führenden gesellschaftlichen Kräften zusammensetzen, einrichten,
- Befragungen unter den Mitgliedern seiner gesellschaftlichen Bezugsgruppen durchführen,
- unterschiedliche Medien auf Zielaussagen bestimmter Bezugsgruppen hin untersuchen und die Ergebnisse zu repräsentativen Zielvorstellungen zusammenzufassen.

Angesprochen ist hiermit der Ansatz des Goal-Accounting.

dd) Ansatzpunkt IV: Zustandsbeschreibende Berichterstattung

Das gesellschaftliche Engagement eines Unternehmens zeigt sich vielfach darin, daß es bereits eine bestimmte soziale Ebene erreicht hat. Dieser läßt sich durch gesellschaftsbezogene Kennziffern beschreiben.

(7) Weiterentwicklung: Kennziffern für den sozialen Zustand der Mitarbeiter

Kennziffern im Personalbereich existieren heute bereits in vielen Unternehmen und erfreuen sich einer steigenden Beliebtheit. Beispiele hierzu sind: Beschäftigte Schwerbehinderte, Höhe der Fehlzeiten, Quote der Fluktuation, Anzahl älterer Mitarbeiter, Bildungsstand der Mitarbeiter etc.

Die alleinige Angabe irgendeiner Zahl sagt jedoch in der Regel nichts aus. Daher müssen:

- Zahlenangaben mit den Werten der Vorjahre verglichen werden.
- Vergleichswerte von Branchendurchschnitten herangezogen werden.
- unterschiedliche Angaben zueinander in Relation gesetzt werden.

(8) Weiterenwicklung: Kennziffern für den sozialen Zustand der Umwelt

In ähnlicher Weise läßt sich der soziale Zustand der betrieblichen Umwelt, differenziert nach unterschiedlichen Gruppen, beschreiben. Beispiele: Fluktuation von Kunden und Lieferanten, Abgaben an öffentliche Stellen, Freistellungen von Mitarbeitern für öffentliche Zwecke, Spenden, u.a.

Derartige Kennziffern beschreiben den sozialen Zustand durch die Bezugnahme auf faktische Gegebenheiten eines Unternehmens. Persönliche Vorstellungen spielen hierbei keine Rolle. Insofern geht es hierbei darum, soziale *Indikatoren objektiver Art* zu ermitteln.

Handelt es sich in diesem Zusammenhang um den Bereich physikalisch-technisch meßbarer Phänomene, so kann zur Zustandsbeschreibung sehr gut die ökologische Buchhaltung herangezogen werden. Meßwerte werden hierbei multipliziert und durch Mulitplikation mit einer abstrakten Recheneinheit vergleichbar gemacht.

ee) Ansatzpunkt V: Kontrollierende Berichterstattung

Bestandteile der Sozialberichte sollten jeweils Ausführungen über die Bewältigung neuerer gesetzlicher Vorschriften sein. Dadurch kann ein Rückkopplungseffekt zum Gesetzgeber aus der Praxis heraus erfolgen.

(9) Weiterentwicklung: Soll-Ist-Vergleiche auf Gesetzesebene

Verglichen werden hierbei gesetzliche Vorschriften und ihre Anwendung in den Unternehmen. Gleichzeitig können hiermit folgende Fragen beantwortet werden:
- Welche Gesetze sind für welches Unternehmen von Bedeutung?
- Welche Aktivitäten sind durch dieses Gesetz in den Unternehmen initiiert worden?
- Welche Schwierigkeiten und Probleme sind hierbei aufgetaucht?
- Welche Defizite liegen bei der Erfüllung welcher gesetzlicher Standards noch vor?
- Erweisen sich die einzelnen Gruppen als praktikabel und einsatzfähig oder sind evtl. gewisse Gesetzesmodifikationen vorzunehmen?

Es ist für den Praktiker offensichtlich, daß damit eine Integration der unvermeidbaren Entwicklung auf Gesetzesebene in den Prozeß der Unternehmensführung stattfindet. Betrachtet man die augenblickliche Landschaft der Gesetze, so sind hierbei angesprochen:
- Mitbestimmungsgesetzgebung
- Betriebsverfassungsgesetzgebung
- Verbraucherschutzgesetzgebung
- Umweltschutzgesetzgebung
- Abgabengesetzgebung

Was den Bereich der Umweltschutzgesetze angeht, so können hier technische Datenkonzepte sehr gut zur Anwendung gelangen, denn gerade technische Datenkonzepte informieren über Soll und Ist technisch-physikalischer Umweltbeziehungen, welche für den Umweltschutzbereich von zentraler Bedeutung sind.

Werden nicht mehr gesetzliche Vorschriften und betriebliche Aktivitäten, sondern Standards, die sich das Unternehmen selbst gesetzt hat, und entsprechende Maßnahmen verglichen, so liegt hier eine

(10) Weitereintwicklung: Soll-Ist-Vergleiche auf Unternehmensebene

vor. Die Prinzipien des Vorgehens ändern sich in diesem Fall natürlich nicht.

ff) Fazit: Integrierter Ansatz einer Sozialbilanz

○ Eine Sozialbilanz kann nur als gesellschaftsbezogene Mischbilanz konzipiert werden.
○ Dabei erweist sich für die Bundesrepublik Deutschland der Vorschlag des Arbeitskreises Sozialbilanz-Praxis trotz einiger Kritiken, mit seinen drei Elementen Sozialbericht, Wertschöpfungsrechnung und Sozialrechnung als praktikabel und tragfähig.
○ Dabei sind insbesondere in den Sozialbericht weitere gesellschaftsbezogene Teilbilanzen einzubeziehen.
○ Eine Sozialbilanz kann damit nur einen integrierten Ansatz darstellen (Bild 22):

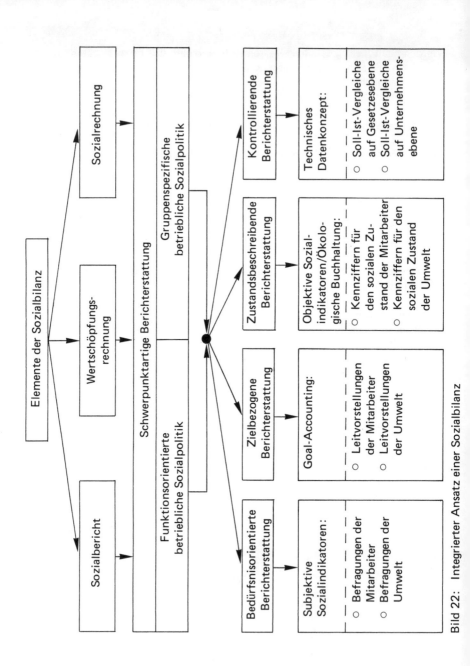

Bild 22: Integrierter Ansatz einer Sozialbilanz

B. Gesellschaftsbezogene Berichterstattung in der Praxis – Sozialbilanzen in der Bundesrepublik Deutschland und der Schweiz

I. Gesellschaftsbezogene Berichterstattung in der Bundesrepublik Deutschland — Sozialbilanzen: Praktische Beispiele und Erfahrungen

1. Erhebungen über die gesellschaftsbezogene Berichterstattung

1977 führte das Ifo-Institut für Wirtschaftsforschung eine Untersuchung durch, in der über tausend Führungskräfte deutscher Unternehmen nach ihrem Informationsverhalten bezüglich sozio-ökonomischer Aktivitäten befragt wurden. Ergebnis: 272 Unternehmen besitzen eine Sozialberichterstattung, 76 weitere wollen in Kürze auf diesem Gebiet aktiv werden (Strietzel 1977):

Von tausend befragten Unternehmungen informieren über sozio-ökonomische Aktivitäten in Prozent

durch Berichte in	regelmäßig	unregelmäßig
Hauszeitschriften	23	23
Presseinformationen	9	20
Sozialbilanzen	6	8
Annoncen	3	6
Fernsehspots	1	1

Bild 23: Sozialberichterstattung in deutschen Unternehmen

Zu etwas detaillierteren Aussagen kommt eine andere Untersuchung, die im Jahre 1978 durchgeführt worden ist (Heymann 1981). Von damals 163 aus dem Kreise der 500 umsatzstärksten Unternehmen ausgewählten Firmen antworten 94 auf die Bitte um Überlassung einer Sozialbilanz. Ergebnis: Von diesen 94 Unternehmen berichten 83 im Rahmen ihres Geschäftsberichts über soziale Aktivitäten, 3 verwenden die Form einer Aufwandsrechnung, 22 legen Wertschöpfungsrechnungen vor und 1 Unternehmen benutzt ein Goal-Accounting-Konzept. Dabei integrieren 19 Unternehmen ihre Wertschöpfungsrechnung und ihre Sozialberichterstattung innerhalb des Geschäftsberichts, 1 Unternehmen faßt Goal-

Accounting-Konzept und Geschäftsbericht zusammen, 2 Unternehmen schließlich berichten innerhalb des Geschäftsberichts über Wertschöpfungsrechnung, Sozialbericht und Aufwandsrechnung (Bild 24):

Von 94 antwortenden Unternehmen informieren über sozio-ökonomische Aktivitäten in Prozent durch	
Geschäftsberichte	64,9
Wertschöpfungsrechnungen	1,1
Aufwandsrechnungen	1,1
Teilbilanzen	67,1
Geschäftsberichte, ergänzt durch Wertschöpfungsrechnungen	20,2
Geschäftsberichte, ergänzt durch Wertschöpfungsrechnungen und Aufwandsrechnungen	2,1
Geschäftsberichte, ergänzt durch Goal-Accounting-Konzepte	1,1
Mischbilanzen	23,4
Keine Angaben	9,5

Bild 24: Informationen über sozio-ökonomische Aktivitäten deutscher Unternehmen 1978

Danach stellen sich gegen Mitte der siebziger Jahre für die Bundesrepublik vier Ansätze einer gesellschaftsbezogenen Berichterstattung als praktikabel heraus:

o Erweiterte Sozialberichterstattung im Rahmen des Geschäftsberichts, ergänzt um eine Wertschöpfungsrechnung
o Spezielle Aufwandsrechnungen, ergänzt um entsprechende Nutzenkommentierungen
o Integrierte Zusammenfassung von Wertschöpfungsrechnung, Aufwandsrechnung (Sozialrechnung) und Sozialberichterstattung
o Goal-Accounting-Konzepte innerhalb des Geschäftsberichts

Gesamtbilanzen werden damit überhaupt nicht benutzt. Teil- und Mischbilanzen teilen sich das Feld gesellschaftsbezogener Informationen.

In den letzten Jahren haben Aufwandsrechnungen, die die Sozialbilanz-Entwicklung in der Bundesrepublik noch etwa bis zum Jahre 1976 belebten, stark an Bedeutung verloren und finden heute praktisch keine Beachtung mehr. Seit dem Jahre 1976 gehen dagegen immer mehr deutsche Unternehmen dazu über, eine Sozialbilanz, bestehend aus Wertschöpfungsrechnung, Sozialbericht und/ oder Sozialrechnung, vorzulegen.

In diesem Zusammenhang zeigt eine Untersuchung des *Wissenschaftszentrums Berlin* aus dem Jahre 1980 folgendes Bild (Dierkes/Hoff 1980):

Von 30 sozialbilanzierenden Unternehmen informieren über sozio-ökonomische Aktivitäten in Prozent durch	
Geschäftsberichte	13,4
Teilbilanzen	13,4
Geschäftsberichte/Sozialberichte, ergänzt durch Wertschöpfungsberichte	46,6
Geschäftsberichte/Sozialberichte, ergänzt durch Wertschöpfungsrechnungen und Sozialrechnungen	30,0
Sozialrechnunge, ergänzt durch Wertschöpfungsrechnungen	10,0
Mischbilanzen	86,6

Bild 25: Informationen über sozio-ökonomische Aktivitäten sozialbilanzierender Unternehmen in der Bundesrepublik 1980

Goal-Accounting-Konzepte werden in dieser Untersuchung leider nicht berücksichtigt. Ihre Anzahl hat jedoch in den letzten Jahren zugenommen. Nach wie vor sind Geschäftsberichte/Sozialberichte und Wertschöpfungsrechnungen die beliebteste Elementkombinationen. Gesellschaftsbezogene Mischrechnungen bestimmen heute eindeutig das Bild der gesellschaftsbezogenen Bericherstattung in der Bundesrepublik Deutschland.

2. Praktische Ansätze der gesellschaftsbezogenen Berichterstattung

a) Erweiterte Sozialberichterstattung im Rahmen des Geschäftsberichts, ergänzt um eine Wertschöpfungsrechnung

Seitdem der AEG-Geschäftsbericht erstmals für das Geschäftsjahr 1937/38 eine „Statistische Übersicht über die sozialen Leistungen für die Gefolgschaft" enthielt, gilt die erweiterte Sozialberichterstattung im Rahmen des Geschäftsberichts als das älteste und verbreiteste Konzept der gesellschaftsbezogenen Berichterstattung in Deutschland. Es handelt sich hierbei um eine stark verbal orientierte Beschreibung der zwischen einem Unternehmen und seinen gesellschaftlichen Bezugsgruppen existierenden sozialen Beziehungen. Das hierbei zugrundeliegende Vorgehen kann kurz mit dem Stichwort der *„Politik des langen Marsches"* (Dierkes 1978) umschrieben werden, womit die schrittweise Erweiterung der gesellschaftsbezogenen Berichterstattung gemeint ist.

Eine umfangreiche *Untersuchung deutscher Geschäftsberichte* zu diesem Thema stammt aus dem Jahre 1975. Wesentliche Ergebnisse einer Analyse von 294 Geschäftsberichten sind (Brockhoff 1975):

- 15,5 % aller Unternehmen besitzen eine Umweltschutzberichterstattung.
- 37,2 % aller Unternehmen verfügen über eine Berichterstattung ihrer Forschungs- und Entwicklungsaktivitäten.
- Bei 69,7 % aller Unternehmen existiert ein Personalbericht, welcher, bezogen auf die Gesamtheit aller befragten Unternehmen, wie folgt informiert:

  — 7,8 % über den Bereich des Betriebssports und der Freizeitaktivitäten,
  — 9,4 % über betriebliche Ergänzungen zur gesetzlichen Krankenversicherung,
  — 12,8 % über die werksärztliche Betreuung,
  — 19,5 % über die Arbeitsplatzsicherheit,
  — 20,9 % über das betriebliche Wohnungswesen,
  — 26,9 % über die betriebliche Vermögensbildung,
  — 43,2 % über die Ausbildungsaktivitäten,
  — 47,2 % über die betriebliche Lehrlingsausbildung,
  — 96,9 % über die betriebliche Altersversicherung,

Hinsichtlich dieser Ergebnisse sind allerdings zwei Einschränkungen zu machen:

- Häufigkeit und Intensität der Sozialberichterstattung innerhalb des Geschäftsberichts sind branchenabhängig. Engagiert verhalten sich hierbei: Energie, Wasserversorgung, Bergbau, Chemie, Metallerzeugung, Metallverarbeitung, Stahl-, Maschinen-, Fahrzeugbau- und Schiffbauindustrie. Weniger Aktivitäten entfalten: Nahrungs- und Genußmittelindustrie, Handel und Vertrieb, Holz-, Papier-, Textil- und Bekleidungsindustrie, Banken und Versicherungen.

o Versuche zur Erfassung sozialer Aktivitäten innerhalb des Geschäftsberichts nehmen mit steigender Größe des Unternehmens zu.

Deutsche Unternehmen, die das Konzept der gesellschaftsbezogenen Berichterstattung in Form der erweiterten Sozialberichterstattung wählen, gewichten ihre Berichtsthemen zwar unterschiedlich, unterscheiden sich jedoch nicht wesentlich in der Gliederungsweise. Als typisch für die Sozialberichterstattung bundesdeutscher Unternehmen kann folgende Gliederung angesehen werden (Faltlhauser 1978):

o *Sonderbericht* — Vorstellung des eigenen Unternehmens und Erläuterung der allgemeinen Beziehungen zwischen Unternehmen und Gesellschaft
o *Produkt- und Forschungsbericht* — Darstellung verschiedener Arbeitsgebiete
o *Umweltschutzbericht* — Angabe der Umweltschutzaktivitäten
o *Personalbericht* — Darlegung der Arbeitnehmersituation
o *Integration einer Wertschöpfungsrechnung*

Bei vielen Unternehmen erhält dieses Gliederungsschema jährlich einen anderen Schwerpunkt. Dieser richtet sich nach Aktualität und Dringlichkeit eines Themas.

Bei der Fülle deutscher Unternehmen, die diesem Konzept folgen, ist es unmöglich, einen vollständigen Überblick über diese Firmen zu geben. Im folgenden sind daher nur solche Unternehmen genannt, die eine besonders weit entwickelte gesellschaftliche Berichterstattung besitzen: Bank für Gemeinwirtschaft AG, Bayer AG, Bayernwerk AG, Chemische Werke Hüls AG, Dyckerhoff Zement AG, Degussa AG, Europa Carton AG, Henkel KGaA, Hoesch AG, Kundenkreditbank KGaA, Mannesmann AG, Preussag AG, Röchling-Burbach GmbH, RWE AG, Siemens AG, Stinnes AG, Süddeutsche Zucker AG, Veith-Pirelli AG.

Bei den meisten Firmen enthält die Sozialberichterstattung im Rahmen des Geschäftsberichts vorwiegend die positiven Umweltbeziehungen. Negative Effekte werden kaum erwähnt. Hier liegt ohne Zweifel ein *Nachholbedarf* vor, der auch im Interesse der Unternehmen liegen sollte.

Der große Vorteil eines derartigen Sozialberichts ist sicherlich darin zu sehen, daß viele Unternehmen den Sprung zu derartigen Berichten eher wagen als zu einer Sozialrechnung. Einem Unternehmen beispielsweise, das schon seit Jahren Sozialberichte veröffentlicht hat, wird der Schritt zu einer Wertschöpfungsrechnung relativ leicht fallen.

So enthalten seit Beginn der siebziger Jahre viele Geschäftsberichte deutscher Unternehmen Wertschöpfungsrechnungen, die den Beitrag volkswirtschaftlicher

Leistungen darstellen, seine Entstehung verdeutlichen und seine Verteilung auf die einzelnen Bezugsgruppen angeben. Ein typisches Beispiel hierfür ist die Wertschöpfungsrechnung der Rheinmetall AG aus dem Jahre 1976:

Entstehung der Wertschöpfung (Konzern) (in DM Mio)	1976
Umsatzerlöse	640,4
− Veränderungen des Bestandes an fertigen und unfertigen Erzeugnissen	16,0
+ andere aktivierte Eigenleistungen	0,9
= Gesamtleistung	625,3
Gesamtleistung	625,3
+ alle übrigen Erträge	32,5
= Unternehmensleistung	675,8
− Vorleistungen außer Abschreibungen	
Aufwendungen für Roh-, Hilfs- und Betriebsstoffe sowie für bezogene Waren	278,9
Verluste aus Wertminderungen oder dem Abgang von Gegenständen des Umlaufvermögens außer Vorräten	4,6
Forderungsverzicht	1,4
Einstellungen in Sonderposten mit Rücklagenanteil	0,9
Aufwendungen aus Verlustübernahme	−
Sonstige Aufwendungen	89,9
= Wertschöpfung vor Abzug der Abschreibungen	282,1
− Vorleistungen aus Abschreibungen	
Abschreibungen auf Sachanlagen und immaterielle Anlagewerte	21,1
Abschreibungen auf Finanzanlagen	3,7
Verluste aus dem Abgang von Gegenständen des Anlagevermögens	−
= Wertschöpfung nach Abzug der Abschreibungen	257,3

Verteilung der Wertschöpfung (Konzern)
(in DM Mio)

Wertschöpfung	
davon an Mitarbeiter	
Löhne und Gehälter, soziale Abgaben, Aufwendungen für Altersversorgung und Unterstützung	227,3
an Öffentliche Hand	
Steuern, Lastenausgleichs-Vermögensabgabe	13,1
an Darlehensgeber	
Zinsen für bereitgestellte Finanzierungsmittel	7,8
an Gesellschafter	
Dividende	7,2
an Unternehmen	
Eigenkapital	1,9
an konzernfremde Gesellschafter	—

Bild 26: Die Wertschöpfungsrechnung der Rheinmetall AG 1976

Von besonderem Interesse ist in der Regel die Verteilung der Wertschöpfungssumme. Hierbei zeigt sich eindeutig, daß der weitaus größte Teil der von deutschen Unternehmen erwirtschafteten Wertschöpfungsrechnung den Mitarbeitern zufließt. Deren Anteil liegt in der Regel im Bereich von 70 % bis 80 %. Dagegen erhält die öffentliche Hand ungefähr 10 %, Darlehensgeber und Aktionäre je 5 % und das Unternehmen selbst muß sich mit einem Anteil von etwa 1 % bis 2 % (Rücklagenbildung) begnügen.

Dem allgemein steigenden Informationsbedürfnis nach einer Wertschöpfungsrechnung entspricht seit 1975 die Zeitschrift „DIE ZEIT", welche zusätzlich zu der Liste der 100 umsatzstärksten Unternehmen der Bundesrepublik eine Tabelle veröffentlicht, die diese Unternehmen nach der Größe ihrer Wertschöpfung ausweist.

b) Gesellschaftsbezogene Aufwandsrechnungen, ergänzt um eine Nutzenkommentierung

Die gesellschaftsbezogene Aufwandsrechnung ist im Rahmen der internationalen Entwicklung als Besonderheit der deutschen Sozialbilanz-Entwicklung anzusehen. Von ihr ist die Diskussion über die Sozialbilanz in der Bundesrepublik bis etwa gegen Mitte der siebziger Jahre eindeutig beeinflußt worden. Zu dieser Gruppe der schon fast klassischen Sozialbilanzen zählen die ersten Sozialbilanz-Versuche der Steag AG in Essen, der Saarbergwerke AG in Saarbrücken und der Pieroth GmbH in Burg Layen.

Als erstes Unternehmen überhaupt legte die *Steag AG* für das Geschäftsjahr 1971/ 1972 eine derartige Sozialbilanz vor. Sie ist als Aufwand-Nutzen-Rechnung zu deuten, mit der soziale Leistungen des Unternehmens definiert und bewertet werden. Die Bewertung des Nutzens dieser Sozialleistungen erfolgte dabei verbal. Ausgangspunkt war die traditionelle Gewinn- und Verlustrechnung, der die gesellschaftsbezogenen Aufwandsdaten entnommen wurden. Gesellschaftsbezogene Leistungen wurden explizit als Aufwand angesehen, dem keine unmittelbare Gegenleistung gegenüberstand.

Die erste Steag-Sozialbilanz, die in einer gesonderten Broschüre veröffentlicht wurde, zeigt den für alle noch folgenden deutschen Aufwandsrechnungen typischen Aufbau. Gesellschaftsbezogene Aufwandsrechnungen nach dem Steag-Typ bestehen aus einem Kommentar zur Sozialbilanz und der eigentlichen Sozialbilanz selbst. Letztere untergliedert sich in ein inneres Beziehungsfeld, das an die Bezugsgruppe Mitarbeiter und Unternehmen bzw. Aktionäre gerichtet ist, und ein äußeres Beziehungsfeld, daß die gesellschaftsbezogenen Leistungen für die Bereiche der Forschung und Entwicklung, des Umweltschutzes und der Öffentlichkeit beinhaltet. Der Aufwand einer sozialen Leistung wird ausgewiesen und der entsprechende Nutzen verbal dargelegt (Wysocki 1981).

Dieser Vorgehensweise folgt in der ersten Hälfte der siebziger Jahre im Prinzip alle Unternehmen, die eine Aufwand-Nutzen-Rechnung vorstellen. Neben den drei bereits genannten deutschen Pionierunternehmen waren dies insbesondere die Rank Xerox GmbH, RUD-Kettenfabrik und Landesforstverwaltung Baden-Württemberg.

Leistungen	Aufwand der STEAG				Nutzen für die Gesellschaft in Stichworten
	1975 Mio DM	1974 Mio DM	Veränderung Mio DM	%	
A. Internes Beziehungsfeld – Leistungen an die Belegschaft	252,31	253,28	–0,97	– 0,4	Schaffung, Erhaltung und Steigerung von Einkommen und Kaufkraft

– Zuführung zur freien Rücklage	9,40	9,90	–0,50	– 5,0	Verbesserung der Grundlage für die Durchführung von Investitionen
– Dividende an die Aktionäre	10,00	10,00	–	–	Schaffung von Einkommen für die Aktionäre
Summe inneres Beziehungsfeld	271,71	273,18	–1,47	– 0,5	
B. Äußeres Beziehungsfeld					
– Forschung und Entwicklung	59,83	44,74	+15,09	+33,7	Sicherung der zukünftigen Energieversorgung und Verringerung der Umweltbelastung
– Maßnahmen des Umweltschutzes bei bestehenden Anlagen	3,16	3,16	– 2,53	–44,5	Verringerung der Emissionen aus bestehenden Kraftwerken
– Beziehungen zur Öffentlichkeit	30,39	18,33	+ 2,06	+ 5,6	Beiträge zur Erfüllung von Gemeinschaftsaufgaben und gemeinnütziger Zwecke
Summe äußeres Beziehungsfeld	83,38	68,76	+14,62	+21,3	
Summe inneres und äußeres Beziehungsfeld	355,09	341,94	+13,15	+ 3,8	
./. Korrekturposten	49,78	20,57	+29,21		
Gesamtleistung in der SOZIALBILANZ	305,31	321,37	–16,06	– 5,0	

Bild 27: Die Sozialbilanz der STEAG 1975

Gesellschaftsbezogene Aufwandsrechnungen sind u.E. überholt. Die meisten sozialbilanzierenden Unternehmen gehen inzwischen immer mehr zu Mischrechnungen über.

c) Sozialbericht, Wertschöpfungsrechnung und/oder Sozialrechnung

Waren die ersten Jahre der Sozialbilanz-Entwicklung in der Bundesrepublik durch die Einzelaktivitäten einiger Pionierunternehmen gekennzeichnet, so brachte das Jahr 1976 den eigentlichen Durchbruch der Sozialbilanz-Idee. 1976 konstituierte sich nämlich der *Arbeitskreis Sozialbilanz-Praxis* und präsentierte ein Konzept der integrierten Zusammenfassung von Sozialbericht, Wertschöpfungsrechnung und Sozialrechnung. Er wurde auch richtungsweisend für jene Unternehmen, die dem Arbeitskreis nicht angehörten. Die Gründungsmitglieder des Arbeitskreises waren die BASF AG, Bertelsmann AG, Deutsche Shell AG, Pieroth GmbH, Rank Xerox GmbH, Saarbergwerke AG und Steag AG.

Die Zusammenfassung von Sozialbericht, Wertschöpfungsrechnung und/oder Sozialrechnung vollzog sich bei vielen deutschen Unternehmen in mehreren Schritten. So legte beispielsweise die Steag AG für die Geschäftsjahre 1971/1972, 1972/1973 und 1974 eine Aufwand-Nutzen-Rechnung vor, ergänzte diese 1975 um eine Wertschöpfungsrechnung und 1976 zusätzlich um einen Sozialbericht. Damit veröffentlicht die Steag AG ab dem Jahre 1976 eine Sozialbilanz, die aus einer Einheit aller drei Rechnungselemente besteht. Diese Gliederung ist für viele der heute erstellten Sozialbilanzen noch von grundlegender Aktualität:

○ Wertschöpfungsrechnung
  — Entstehung der Wertschöpfung
  — Verteilung der Wertschöpfung

○ Sozialbericht
  A. Unternehmen und Mitarbeiter
  — Belegschaft
  — Belegschaftsstruktur/Beschäftigungszeit
  — Personalaufwendungen
  — Löhne und Gehälter
  — Direkte Leistungen an die Mitarbeiter
  — Vorschlagswesen
  — Indirekte Leistungen an die Mitarbeiter
  — Altersversorgung
  — Übrige Leistungen an die Mitarbeiter
  — Aus- und Weiterbildung
  — Berufsausbildung — eine unternehmerische und gesellschaftspolitische Aufgabe

— Arbeitssicherheit und Arbeitsschutz
  — Betriebsrat

B. Unternehmen und Kapitalgeber

C. Unternehmen und Gesellschaft
  1. Unternehmen und Staat
  2. Unternehmen und Öffentlichkeit
  3. Unternehmen und Umwelt

D. Stärkung und Erhalt der Substanz des Unternehmens
  1. Forschung und Entwicklung
      — Neue Kraftwerksleitung/Standorte
      — Rauchgasentschwefelung
      — Kraftwerksnebenprodukte
      — Kohledruckvergasung
      — Künstliches Erdgas/Kohleöl/Vorentgasung
      — Fernwärme
      — Kernenergie
  2. Substanzerhaltung (Abschreibungen)
  3. Rücklagenzuführung

○ Sozialrechnung

Als weitere Unternehmen, die im Bereich des Sozialbilanz-Ansatzes „Integrierte Zusammenfassung von Sozialbericht, Wertschöpfungsrechnung und/oder Sozialrechnung" sehr weit fortgeschritten sind, gelten in Deutschland das Battelle-Institut e.V., die Bitburger Brauerei GmbH, die B. Braun AG, die Deutsche BP AG, die Eternit AG, die Ford AG, die LVM-Versicherung, die Rhein-Braun AG, die Wella AG und die VW AG (Hemmer 1979).

Als Beispiele für Wertschöpfungs- und Sozialrechnungen, so wie sie heute in den meisten Sozialbilanzen deutscher Unternehmen zu finden sind, können die nachfolgenden Abbildungen angesehen werden, die dem Bericht „Mannesmann 1981 — Mitarbeiter und Umwelt" entnommen wurden:

Entstehungsrechnung	1981 Mill.DM	%	1980	1979	1978	1977
			in Millionen DM			
Umsatz	12287	257,0	10443	10443	10641	9994
+ Bestandszunahme	575	12,0	482	75	–	–
– Bestandsabnahme	–	–	–	–	707	217
+ Eigenleistung	70	1,5	57	56	65	47
= Unternehmensleistung	12932	270,5	10972	10574	9999	9824
– Vorleistungen	7636	159,7	6244	6085	5627	5605
= Bruttowertschöpfung	5296	110,8	4728	4489	4372	4219
– Abschreibungen	516	10,8	413	393	390	376
= Nettowertschöpfung	4780	100,0	4315	4096	3982	3843
Verteilungsrechnung						
Nettolöhne und Gehälter	2414	50,5	2210	2117	2057	1977
+ Lohnsteuer	498	10,4	451	406	381	405
+ Sozialbeiträge Arbeitnehmer	440	9,2	400	377	364	354
= Bruttolöhne und -gehälter	3352	70,1	3061	2900	2802	2736
+ Sozialbeiträge Arbeitgeber	788	16,5	725	684	633	554
= Personalaufwand (1)	4140	86,6	3786	3584	3435	3290
Zinsen und Fremdanteile	231	4,8	183	101	86	83
+ Dividende	116	2,4	106	105	104	104
+ Rücklagen	51	1,1	40	45	50	50
= Nettoeinkommen der Kapitalgeber	398	8,3	329	251	240	237
+ EEV-Steuern	242	5,1	200	261	307	316
= Bruttoeinkommen der Kapitalgeber (2)	640	13,4	529	512	547	553
Nettowertschöpfung (1 + 2)	4780	100,0	4315	4096	3982	3843

Bild 28: Die Wertschöpfungsrechnung der Mannesmann AG 1981

		1981	1980	1979	1978
		\multicolumn{4}{c}{in Millionen DM}			

		1981	1980	1979	1978
I.	Unternehmen und Mitarbeiter				
1.	Bezüge der Mitarbeiter				
1.1	Löhne und Gehälter	2 820	2 569	2 455	2 368
1.2	Lohn- und Gehaltsfortzahlung in Krankheitsfällen	136	135	126	119
1.3	Sondervergütung	288	260	245	231
1.4	Vermögensbildende Leistungen	43	39	30	30
1.5	Betriebliches Vorschlagswesen	2	1	1	1
1.6	Zuschüsse	13	13	9	12
1.7	Beihilfen	5	6	5	6
1.8	Sonstige Bezüge	65	58	45	54
		3 372	3 081	2 915	2 821
2.	Soziale Abgaben und Altersversorgung				
2.1	Arbeitgeberanteil Sozialversicherung	445	404	382	369
2.2	Beiträge zur Berufsgenossenschaft	59	54	53	50
2.3	Sonstige soziale Abgaben	6	5	4	3
2.4	Aufwendungen für Altersversorgung und Unterstützung	226	212	195	156
		736	675	634	578
3.	Übrige Leistungen für die Mitarbeiter				
3.1	Ausbildung	70	65	60	55
3.2	Fortbildung	18	15	16	15
3.3	Gesundheitswesen	25	24	23	21
3.4	Wohnungswirtschaft	14	15	14	15
3.5	Verpflegung	24	26	24	23
3.6	Jubiläen	10	10	9	6
3.7	Erholung und kulturelle Einrichtungen	3	3	3	3
3.8	Arbeitnehmervertretungen; Betriebsversammlungen	27	24	27	26
3.9	Belegschaftsaktien	8	5	12	15
3.10	Sonstige Leistungen	8	6	5	8
		207	193	193	187
	Mitarbeiter gesamt	4 315	3 949	3 742	3 586

		1981	1980	1979	1978
			in Millionen DM		

II.	Unternehmer und Kapitalgeber				
1.	Zinsaufwand	225	178	95	80
2.	Fremdanteile	6	5	6	6
3.	Dividende	116	106	105	104
	Kapitalgeber gesamt	347	289	206	190

III.	Unternehmen und Gemeinwesen				
1.	Abgaben an den Staat				
1.1	EEV-Steuern	242	200	259	299
1.2	Sonstige Steuern	7	5	8	7
1.3	Lastenausgleich	–	–	2	8
		249	205	269	314
2.	Umweltschutz				
2.1	Investitionen	50	27	34	82
2.2	Betriebskosten	153	143	126	112
		203	170	160	194
3.	Abzüglich Subventionen und Forderungen				
3.1	Investitionszulagen und -zuschüsse	29	34	27	5
3.2	Förderungsmaßnahmen im Personalbereich	6	6	3	2
		35	40	30	7
	Gemeinwesen gesamt	417	335	399	501

IV.	Erhaltung und Stärkung der Unternehmenssubstanz				
1.	Forschung und Entwicklung*	186	137	128	120

* nach Abzug öffentlicher Zuwendungen

	1981	1980	1979	1978
	in Millionen DM			
2. Abschreibungen	516	413	393	390
3. Rücklagenzuführung	51	40	45	50
Unternehmen gesamt	753	590	566	560
Sozialrechnung gesamt	5832	5163	4913	4837
./. Doppelerfassung	320	255	247	241
Sozialrechnung	5512	4908	4666	4596

Bild 29: Die Sozialrechnung der Mannesmann AG 1981

d) Goal-Accounting-Konzepte

Als erstes deutsches Unternehmen veröffentlichte die Deutsche Shell AG für das Geschäftsjahr 1975 eine mit dem Geschäftsbericht integrierte Sozialbilanz. Die angestrebten gesellschaftsbezogenen Ziele sowie deren Erfüllungsgrade werden mit einer Sozialberichterstattung ausführlich erläutert (Heymann/Seiwert 1982/a). Ansatzpunkt dieser Berichterstattung sind die Shell-Führungsgrundsätze, in denen es heißt: „Die Deutsche Shell Aktiengesellschaft versorgt in den Bereichen Mineralöl, Erdgas und Chemie einen beachtlichen Teil des deutschen Marktes. Die Erfüllung dieser Aufgabe ist unlösbar mit dem unternehmerischen Ziel verbunden, so rentabel wie möglich zu arbeiten. In einer vom Wettbewerb geprägten Wirtschaft bedeutet dies für unser Unternehmen:

○ Marktgerechte Versorgung der Verbraucher,
○ Entwicklung neuer Aufwendungsverfahren und Produkte,
○ Erwirtschaftung einer angemessenen Rendite,
○ Berücksichtigung der Interessen unserer Mitarbeiter,
○ Beachtung der Belange des Gemeinwohls.

Die Geschäftsleitung ist bestrebt, zwischen diesen nicht immer gleichgerichteten Zielen, welche die Interessen der Mitarbeiter, der Aktionäre und der Umwelt berühren, ein möglichst ausgewogenes Verhältnis herzustellen."

Ab dem Geschäftsjahr 1977 versucht die Deutsche Shell AG diese doch sehr allgemein gehaltenen Ziele durch weitergehende Subziele aufzufächern. Parallel dazu verzichtet man seit 1978 auf die Darstellung der „Entwicklung neuer Anwendungsverfahren und Produkte" als eigenen Zielbereich: „Als Ergebnis der Diskussion sind wir zu der Auffassung gelangt, daß es sich bei einem unserer fünf bisherigen Unternehmensziele, nämlich der ‚Entwicklung neuer Anwendungsverfahren und Produkte' um kein eigenständiges Ziel, sondern um eine unterstützende Funktion für die anderen vier Unternehmensziele handelt." Die dann noch verbleibenden gesellschaftsbezogenen Ziele dienen der langfristigen Sicherung des Unternehmens. Dies ist die oberste Zielsetzung.

Die zu einer zielbezogenen Berichterstattung notwendige Auffächerung der Ziele kann beispielhaft an der „marktgerechten Versorgung der Verbraucher" erläutert werden. Dieses geschieht im Geschäftsbericht/Sozialbilanz 1978. Dabei sind zur Erreichung des Ziels ‚*Marktgerechte Versorgung der Verbraucher*' wesentliche Aufgaben zu erfüllen:

○ Absatzpolitik
    — Qualität und Sicherung für Produkte und Dienstleistungen
    — Berücksichtigung der Verbraucherinteressen
    — Zuverlässigkeit der Verbraucherinformationen
    — Zeitgemäße Marketingorganisation

○ Forschung und Entwicklung
    — Entwicklung von Produkten und Verfahren, die
        — — sowohl die technischen und wirtschaftlichen Anforderungen des Verbrauchers erfüllen, als auch die Erwirtschaftung einer angemessenen Rendite ermöglichen
        — — bei ihrer Verwendung keine negativen Umweltauswirkungen haben oder die Umweltbelastung zumindest minimieren
        — — zur Energieeinsparung beitragen
        — — den beim Umgang mit den Produkten gestellten Anforderungen des Gesundheitsschutzes und der Sicherheit voll gerecht werden
    — Entwicklung neuer Anwendungsgebiete für umweltfreundliche Produkte
    — Verbesserung der Kostenstruktur bei der Rohölverarbeitung und der Produktherstellung

○ Beitrag zum Ziel der Erwirtschaftung einer angemessenen Rendite
    — Marktgerechte Preispolitik
    — Marktgerechte Marketingpolitik

○ Sicherung der Versorgung des Verbrauchers
    — Bedarfsgerechte Versorgungspolitik
    — Risikoarme Beschaffungs- und Transportpolitik
    — Gewinnbezogene Verarbeitungspolitik

Neben der Deutschen Shell AG erstellte die *Kölner Bank von 1867*, ein genossenschaftliches Kreditinstitut, als zweites deutsches Unternehmen für das Jahr 1976 eine zielorientierte Sozialbilanz. Die Abbildung ihrer gesellschaftsbezogenen Ziele erfolgt auch hier innerhalb des mit dem Geschäftsbericht integrierten Sozialberichts. Im Gegensatz zur Deutschen Shell AG werden die gesellschaftsbezogenen Ziele jedoch nicht aus den von der Unternehmensleitung konzipierten Führungsgrundsätzen abgeleitet, sondern ergeben sich aus dem genossenschaftlichen Auftrag „Förderung des Erwerbs oder der Wirtschaft der Mitglieder mittels gemeinschaftlichen Geschäftsbetriebs":

○ Beachtung der Rechte der Mitglieder
○ Marktgerechte Versorgung der Mitglieder und Kunden
○ Erwirtschaftung einer angemessenen Rendite
○ Berücksichtigung der Mitarbeiterinteressen
○ Unterstützung der Belange des Gemeinwohls

Auch bei der Kölner Bank werden diese Ziele näher beschrieben. Bezogen wiederum auf das Ziel „Marktgerechte Versorgung der Mitglieder und Kunden" heißt es:

○ Günstige marktgerechte Konditionen durch
  − Festlegung des Marktanteils
  − Günstige Bilanzstruktur
  − Behutsame Kreditpolitik
  − Leistungsfähige, aber kostensparende Organisation

○ Aktualisierte Angebotspalette durch
  − Firmenprivate Einlagen
  − Firmenprivate Kredite

○ Service- und Kundennähe durch
  − Zweigstellenpolitik
  − Spätschalter
  − Kundenfreundliche Bedienung
  − Sonstiges

○ Faire und kaufmännisch sorgfältige Behandlung durch
  − Unterweisung
  − Kontrolle

○ Sachgerechte Verbraucherinformation durch
  − Informationsschriften
  − Beratung

Als besonders positiv ist bei der Kölner Bank das Bemühen anzusehen, den Geschäftsbericht/Sozialbilanz-Publikation mit einem *Fragebogen* vorzulegen, der die nachfolgenden Fragen beinhaltet:

○ Finden Sie es sinnvoll, daß die Kölner Bank eine Sozialbilanz erstellt?
  — Ja   — Nein

○ Falls ja, sollte diese jährlich erscheinen?
  — Ja   — Nein

○ Wie verständlich ist für Sie die Darstellungsweise?
  — sehr gut   — Geht so
  — Gut   — Nicht verständlich

○ Wie zufrieden sind Sie mit der Länge unseres Berichts?
  — Gerade richtig   — Zu kurz
  — Zu lang

○ Finden Sie, daß wir unsere Ziele richtig gesetzt haben?
  — Richtig   — Falsch
  — Teilweise richtig

  Falls falsch, welche Ziele vermissen Sie?

○ Haben wir mit unserem Bericht Ihre Interessen ausreichend berücksichtigt oder möchten Sie mehr Einzelheiten in Zusammenhang mit der Sozialbilanz wissen?
  — Allgemeine wirtschaftliche Verhältnisse
  — Genossenschaftsspezifisches
  — Dienstleistungsangebote
  — Daten zur Entwicklung der Bank
  — Mitarbeiterangelegenheiten
  — Belange des Gemeinwohls

○ Warum stellt Ihrer Meinung nach die Kölner Bank eine Sozialbilanz auf?
  — Zur besseren Transparenz über die gesellschaftsbezogene Verantwortung der Kölner Bank und als Öffnung zur Öffentlichkeit
  — Aufgrund ihrer genossenschaftlichen Verpflichtung
  — Um die Kritik an Kreditinstituten aufzufangen
  — Als Möglichkeit, sich selbst günstig darzustellen
  — Sonstige Gründe

○ Wie stufen Sie den Gehalt der Sozialbilanz ein?
  — Glaubwürdig
  — Unglaubwürdig
  — Teils, teils

Als drittes Unternehmen in der Bundesrepublik reiht sich die *Bertelsmann AG*

(1976/1977) in den Kreis der Unternehmen mit einer zielorientierten Berichterstattung ein. Abgeleitet werden die gesellschaftsbezogenen Ziele aus den Führungs- und Unternehmensgrundsätzen. Bei der Darstellung der erreichten Zielgrade betritt das Unternehmen Neuland.

Als erste Firma überhaupt führte sie zu diesem Zweck eine Mitarbeiterbefragung durch. Ziel der Befragung war die Bestimmung *subjektiver Sozialindikatoren*. 7500 Mitarbeiter wurden schriftlich befragt, inwieweit ihrer Meinung nach die gesteckten Ziele erreicht worden sind. Die möglichen Antworten orientierten sich sehr stark an dem Prinzip des traditionellen Schulnotensystem. Die Befragten konnten, je nach Fragestellung, unter folgenden Alternativen wählen:

- 1 = Sehr zufrieden bzw. ja
- 2 = Zufrieden bzw. vorwiegend ja
- 3 = Teilweise zufrieden bzw. teils, teils
- 4 = Unzufrieden bzw. vorwiegend nein
- 5 = Sehr unzufrieden bzw. nein

Aus der Summe aller Antworten wurde dann eine Durchschnittsnote gebildet, die als Index bzw. subjektiver Indikator des erreichten Zielgrades galt. Die Mitarbeiterbefragung bei Bertelsmann führte zu folgenden Ergebnissen:

Zielformulierung	Zielerreichungsdokumentation	
	Frage	Note
1. Bertelsmann stellt hohe Anforderungen an Qualifikation und Verhalten seiner Führungskräfte. Sie sollen sich durch vorbildliches Verhalten ständig neu qualifizieren. In dem von Ihnen zu verantwortenden Bereich haben Sie nicht nur ergebnis-, sondern ebenso sozialorientiert zu handeln. Sie tragen die Verantwortung dafür, daß die auf partnerschaftliche Zusammenarbeit ausgerichtete Ordnung im Betrieb lebendig bleibt.	Werden Sie von Ihrem Vorgesetzten richtig beurteilt?	2.01
	Erkennt Ihr Vorgesetzter eine gute Leistung eines Mitarbeiters lobend an oder nimmt er sie stillschweigend hin?	2.97
	Wie beurteilen Sie das persönliche Verhalten Ihres Vorgesetzten?	2.79
	Und wie schätzen Sie seine fachlichen Leistungen ein?	2.31
	Zieht Ihr Vorgesetzter Arbeiten an sich, die eigentlich Sie erledigen sollten?	1.53

Zielformulierung	Zielerreichungsdokumentation	
	Frage	Note
	Spricht Ihr Vorgesetzter mit Ihnen und Ihren Kollegen darüber, wie und wozu Arbeiten zu erledigen sind?	2.57
	Berücksichtigt er dann auch bei wichtigen Entscheidungen den Rat seiner Mitarbeiter?	2.68
	Hilft Ihnen Ihr Vorgesetzter, wenn Sie Schwierigkeiten mit Ihrer Arbeit haben?	2.13
	Sorgt Ihr Vorgesetzter für eine gute Zusammenarbeit in seinem Bereich?	2.17
	Und wie beurteilen Sie das Betriebsklima in Ihrer Abteilung?	2.55
	Ist in Ihrer Abteilung ein Gemeinschaftssinn spürbar, oder denkt jeder nur an sich selber?	2.69
2. Das Unternehmen möchte dem einzelnen Mitarbeiter Voraussetzungen schaffen, unter denen er sich mit seiner Aufgabe identifizieren, seine Fähigkeiten und Neigungen optimal entfalten und der Selbstverwirklichung näher kommen kann. Gründliche Information über den Arbeitsbereich, gezielte Aus- und Weiterbildung, Übertragung eigenverantwortlicher Aufgaben sowie die Möglichkeiten der Mitsprache und des Aufstiegs sollen die Basis dafür schaffen.	Fühlen Sie sich über die wesentlichen Dingen in Ihrer Abteilung ausreichend informiert?	2.46
	Ist Ihrer Ansicht nach die Information über die wesentlichen Dinge im Unternehmen ausreichend?	2.41
	Wie beurteilen Sie das Weiterbildungsprogramm der Firma?	2.45
	Trauen Sie sich zu, mehr zu leisten und Ihre Position bei Bertelsmann zu verbessern?	2.05
	Können Sie die Durchführung der Ihnen zugeteilten Arbeiten beeinflussen?	2.49

Zielformulierung	Zielerreichungsdokumentation	
	Frage	Note
	Macht Ihnen Ihre persönliche Arbeit, Ihre Aufgabe bei Bertelsmann Spaß?	1.78
	Glauben Sie, daß Sie mit Ihrer persönlichen Arbeit zum Erfolg des Unternehmens beitragen?	1.49
	Machen Sie Vorschläge, wie man die Arbeit besser bewältigen kann?	2.82
3. Die Unternehmensverfassung nennt als ein wichtiges Ziel die Schaffung humaner Arbeitsbedingungen. Die Führungsleitsätze verpflichten den Vorgesetzten, Arbeitsplatz, Arbeitsmittel sowie Arbeits- und Urlaubszeiten nicht nur nach den gesetzten Arbeitszielen, sondern unter dem Gesichtspunkt seiner Fürsorgepflicht zu gestalten.	Wie zufrieden sind Sie mit den Arbeitsbedingungen an Ihrem Arbeitsplatz?	2.47
	Schaffen Sie Ihre Arbeit in der normalen Arbeitszeit?	2.31
4. Die Unternehmensverfassung fordert neben einer marktgerechten Lohn- und Gehaltsregelung eine Beteiligung am Gewinn und Kapital des Unternehmens. Gewinnbeteiligung und Vermögensbildung werden dabei ausdrücklich als Beitrag zu größerer Einkommens- und Vermögensgerechtigkeit, also als bewußte Umverteilung, nicht als Sozialleistung verstanden.	Was schätzen Sie: Wie zahlt Bertelsmann im Vergleich zu anderen Firmen?	2.70
	Fühlen Sie sich im Vergleich zu anderen Kollegen gerecht entlohnt?	2.79
	Wenn Sie einmal alle Zahlungen (Gehalt/Lohn/Weihnachts- und Urlaubsgeld/Gewinnbeteiligung) und alle Sozialleistungen der Firma zusammenrechnen: Finden Sie dann, daß Ihre Arbeit gerecht bezahlt wird?	2.49

Zielformulierung	Zielerreichungsdokumentation	
	Frage	Note
5. Die Bertelsmann-Unternehmensverfassung räumt der Sicherheit der Arbeitsplätze einen besonderen Rang ein. Daneben verpflichtet sie das Unternehmen, die soziale Sicherheit der Mitarbeiter zu gewährleisten und erwähnt beispielhaft die weitreichende Altersversorgung.	Keine Umfrageergebnisse; stattdessen aus der Gewinn- und Verlustrechnung übernommene Aufwandsdaten	

Bild 30: Die Mitarbeiterbefragung zur Sozialbilanz der Bertelsmann AG 1976/1977

Als weiteres und letztes Beispiel wird der Geschäftsbericht der *Canstatter Volksbank* erwähnt, der seit dem Jahre 1978 ein Goal-Accounting-Konzept beinhaltet. Allerdings distanziert sich die Canstatter Volksbank eindeutig von dem Konzept des Arbeitskreises Sozialbilanz-Praxis und ist gegen eine zu weitgehende quantifizierte Darstellung sozialer Beziehungen. Sie teilt damit die Erfahrungen und Vorschläge aus der Schweiz.

Der Kern dieses Konzepts ist ein System, bestehend aus 6 Oberzielen:

o Betriebswirtschaftliche Erfordernisse
o Mitarbeiter
o Genossenschaftlicher Verbund
o Gesellschafts- und Wirtschaftsordnung
o Öffentlichkeit im Geschäftsbereich
o Förderung der Mitglieder

Über jeden dieser Zielbereiche wird ausführlich informiert. Dabei geht man jeweils nach einem einheitlichen Schema vor:

o *1. Schritt:* Benennung des Zielbereichs
o *2. Schritt:* Darlegung eines Grundsatzes
o *3. Schritt:* Vorstellung der konkreten Zielsetzung für das Berichtsjahr
o *4. Schritt:* Präsentation der im Geschäftsjahr erzielten Ergebnisse
o *5. Schritt:* Ausblick auf die Ziele des folgenden Jahres

Allen vorgestellten *Goal-Accounting-Konzepten* ist eines gemeinsam: Sie beziehen ihre Sozialberichterstattung in ihren traditionellen Geschäftsbericht mit ein. Während aber die Deutsche Shell, die Kölner Bank und die Bertelsmann Verlagsgruppe sowohl eine Wertschöpfungs- als auch eine Sozialrechnung zusätzlich erstellen, berichtet die Canstatter Volksbank über ihre Ziele ausschließlich innerhalb des Sozialberichts.

Betrachtet man die bisherigen *Goal-Accounting-Konzepte* in der Bundesrepublik, so sind *zwei Schwachstellen* zu erkennen:

(1) Die Ziele werden zu allgemein formuliert und zu wenig untergliedert.
(2) Die Ziele werden weitgehend unabhängig von den Informationswünschen ihrer Ansprechpartner formuliert.

Werden diese beiden Schwächen in den nächsten Jahren abgestellt, dann dürfte sich das *Goal-Accounting* als ein tragfähiger Ansatz der gesellschaftsbezogenen Berichterstattung erweisen.

3. Die „Sozialbilanz-Analyse" des Wissenschaftszentrums Berlin

Im Jahre 1980 stellte das Wissenschaftszentrum Berlin die Ergebnisse seiner Analyse bisheriger Sozialbilanz-Experimente in der Bundesrepublik vor. Untersucht wurden 30 Unternehmen, die nach Ansicht der Verfasser als repräsentativ für den konzeptionellen Stand der gesellschaftsbezogenen Berichterstattung anzusehen sind. Im einzelnen handelt es sich hierbei um (Dierkes/Hoff 1980):

- Audi NSU Union AG
- BASF AG
- Bayer AG
- Battelle-Institut e.V.
- BBC AG
- Bertelsmann AG
- Braun Melsungen AG
- Buderus AG
- Degussa AG
- Deutsche BP AG
- Deutsche Shell AG
- Eternit AG
- Hoechst AG
- Kölner Bank von 1867 eG
- Landesforstverwaltung des Landes Baden-Württemberg
- Mannesmann AG
- E. Merck AG
- Migros-Genossenschafts-Bund
- Mobil Oil AG
- F. Pieroth GmbH
- Veith-Pirelli-AG
- Rank Xerox GmbH
- Rheinische Braunkohlenwerke AG
- Rieger und Dietz GmbH & Co
- Saarbergwerke AG
- Stadtsparkasse Köln
- Stahlwerke Peine-Salzgitter AG
- Steag AG
- Stinnes AG
- Volkswagen AG

Die zusammengefaßten Ergebnisse der 30 untersuchten Berichte unterteilen sich in quantitative und qualitative Inhalte.

a) Quantitative Inhalte

Die Unternehmen veröffentlichen ihre gesellschaftsbezogene Berichterstattung entweder in eigenständigen Sozialbilanz-Publikationen (30 %) bzw. Sonderausgaben ihrer Werkszeitungen (20 %) oder zusammen mit dem Geschäftsbericht als integrierte Veröffentlichung (50 %). Bei einem durchschnittlichen Umfang der Veröffentlichungen von knapp 43 Seiten beträgt der Anteil der gesellschaftsbezogenen Berichterstattung ein gutes Drittel (34 %), der Anteil des Geschäftsberichts durchschnittlich 21 %. Die verbleibenden 45 % bestehen aus Bildern, Grafiken oder werden durch ein großzügiges Layout ausgefüllt. Veröffentlichungen, die neben der gesellschaftsbezogenen Berichterstattung auch Geschäftsberichtselemente enthalten, sind etwa um die Hälfte länger als diejenigen, die sich lediglich der gesellschaftsbezogenen Berichterstattung widmen (durchschnittlich 45 gegenüber 30 Seiten). Sie enthalten im Mittel rund 20 % Geschäftsberichtselemente und 25 % gesellschaftsbezogene Berichterstattungen (neben 55 % Sonstigem).

Der häufig aufgelockerte Berichtsstil der Geschäftsberichte wird in der gesellschaftsbezogenen Berichterstattung nicht verfolgt. Hier wird deutlich konzentrierter und mit größerem Informationsgehalt berichtet – ein Ergebnis, das im Kontext der oft vermuteten PR-Lastigkeit von Sozialbilanzen als bemerkenswert anzusehen ist (Dierkes/Hoff 1980).

Die quantitative Analyse zeigt deutlich die unterschiedlichen prozentualen Anteile einzelner gesellschaftlicher Bezugsgruppen am Gesamtumfang der Berichterstattung (Bild 31, Hemmer 1980).

Der Bereich der Mitarbeiter dominiert mit 61 % eindeutig; das ist insofern bemerkenswert, wenn man berücksichtigt, daß auch in der Wertschöpfungsrechnung und in der Sozialrechnung mitarbeiterbezogene Informationen enthalten sind. Für die anderen Berichtsfelder, wie die natürliche und gesellschaftliche Umwelt, Konsumenten, Forschung und Entwicklung, stehen dagegen nur 27 % zur Verfügung. Insgesamt werden 88 % des Gesamtumfangs der gesellschaftsbezogenen Berichterstattung dazu verwendet, den Sozialbericht darzustellen. Für die Wertschöpfungsrechnung stehen 7 % zur Verfügung, während die Sozialrechnung sich mit 5 % begnügen muß.

Soweit ermittelbar werden 60 % aller gesellschaftsbezogenen Berichterstattungen unmittelbar durch den Vorstand der Unternehmen herausgegeben. Bei 10 % der Unternehmen übernimmt dies die Personalabteilung, bei weiteren 10 % die PR-Abteilung.

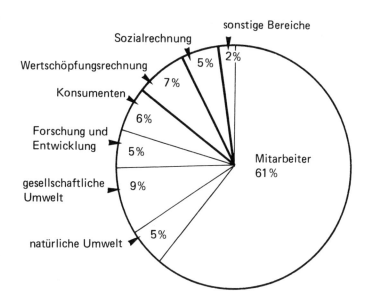

Bild 31: Durchschnittliche prozentuale Anteile einzelner Bezugsgruppen an der gesellschaftsbezogenen Berichterstattung 1980

40 % aller Unternehmen wenden sich unmittelbar an ihre Mitarbeiter. 20 % der Unternehmen sprechen dagegen die Zielgruppe Öffentlichkeit an.

b) Qualitative Inhalte

Unter Beachtung ordnungsgemäßer Grundsätze der Buchführung ist es möglich, an einer fünfstufigen Skala die Qualität der gesellschaftsbezogenen Berichterstattung zu messen (Dierkes/Hoff 1980):

- 1 — kurze verbale Aussage und/oder un- bzw. kaum kommentierter Indikator von schlechter Qualität
- 2 — verbale Aussage mit erläuternden Indikatoren von mittlerer Qualität
- 3 — ausführlichere Darstellung unter Verwendung von internem Vergleichsmaterial von guter Qualität
- 4 — ausführliche Darstellung unter Verwendung von internen und externen Vergleichsdaten von sehr guter Qualität
- 5 — ausführliche kritische Erschließung des Berichtsfeldes mit Hilfe externer und interner Vergleichsgrößen; Planungsbezug

Diese Qualitätsskala ermöglicht einige interessante Antworten auf die Frage, in welcher Qualität Unternehmen, die Sozialbilanzen veröffentlichen, über welche gesellschaftsbezogenen Aktivitäten berichten. So zeigt die Analyse des Sozialberichts folgende Einzelqualitäten (Dierkes/Hoff 1980):

Berichtsdimension	Zahl der berichtenden Unternehmen	Prozentualer Anteil der berichtenden Unternehmen	Qualitätskennziffer
Mitarbeiter			**1,92**
○ *Personalpolitik*			*2,08*
— Personalstand	30	100	2,37
— Prinzipien/Allg. Ausrichtung	19	63	1,63
○ *Personalstruktur*			*2,09*
— Auszubildende	25	83	2,28
— Status	24	80	1,88
— Altersstruktur	21	70	2,19
— Frauen	18	60	2,00
— Ausländer	16	53	2,31
— Funktionale Verteilung	13	43	2,15
— Schwerbeschädigte	13	43	2,08
— Regionale Verteilung	12	40	2,33
— Qualifikation	10	33	2,00
— Teilzeitbeschäftigte	8	26	1,88
— Persönliche Daten	5	16	1,60
○ *Sonstige Sozialleistungen*			*1,75*
— Betriebliche Altersversorgung	27	90	2,19
— Vermögensbildung	25	83	1,88
— Verpflegung	23	76	1,48
— Prämien/Gratifikationen	22	73	1,36
— Wohnen	21	70	1,71
— Unterstützungskassen/Beihilfen	20	66	1,45
— Vorschlagswesen	19	63	2,26
— Urlaubsgeld	18	60	1,28
— Sonst. Freizeitaktivitäten	15	50	1,40
— Betriebskrankenkasse	14	46	2,57
— Jubiläen/Treueprämien	13	43	1,38

Berichtsdimension	Zahl der berich- tenden Unter- nehmen	Prozentualer Anteil der berichten- den Unter- nehmen	Qualitäts- kennziffer
— Versicherungen	13	43	1,15
— Sport	11	36	1,45
— Sozialberatung	11	36	1,73
— Werksverkehr	8	26	1,50
— Deputate/Rückvergütungen	7	23	1,29
— Abfindungen/Sozialpläne	6	20	1,67
— Sonstige Sozialleistungen	24	80	1,42
○ *Bildung*			*2,18*
— Ausbildung	26	86	2,58
— Fort-/Weiterbildung	25	83	2,08
— Allgemeine Angaben	10	33	1,40
○ *Arbeitsbedingungen*			*1,94*
— Unfälle	21	70	2,62
— Arbeitssicherheit	22	73	1,68
— Gesundheitswesen	23	76	1,83
— Psychologischer Dienst	3	10	1,33
— Arbeitszeitstruktur	16	53	1,94
— Schichtarbeit	7	23	1,43
— Gleitzeitsysteme	4	13	2,00
— Humanisierung	8	26	1.38
○ *Betriebsklima*			*2,01*
— Betriebszugehörigkeitsdauer	17	56	2,18
— Fluktuation	16	53	2,38
— Krankenstand	15	50	2,27
— Kündigungen	13	43	2,23
— Mitarbeiterinformationen	18	60	1,39
— Mitarbeiterbefragungen	6	20	1,83
— Konflikte	3	10	1,67
— Führungsprinzipien	5	16	1,60
○ *Mitbestimmung*			*1,72*
— Gremien	22	73	2,22
— Verhandlungsprozesse	21	70	1,19

Berichtsdimension	Zahl der berichtenden Unternehmen	Prozentualer Anteil der berichtenden Unternehmen	Qualitätskennziffer
Natürliche Umwelt			1,37
○ *Umweltschutzabteilung*	6	20	*1,00*
○ *Umweltschutzanlagen*			*1,35*
— Bereich Abluft	13	43	1,46
— Bereich Abwasser	12	40	1,75
— Bereich Abfall	9	30	1,44
— Bereich Lärm	6	20	1,17
— Bereich Landschaftsschutz	7	23	1,43
— Allgemeine Aussagen	11	36	1,64
○ *Sonstige Maßnahmen*			*1,54*
— Recycling	8	26	1,38
— Umweltforschung	4	13	1,50
— Umweltfreundliche Produkte	4	13	1,75
— Energieeinsparung	3	10	2,33
— Mitwirkung an Gesetzgebung	3	10	1,33
Gesellschaftliche Umwelt			1,50
○ *Staat*			*1,48*
— Steuern/Gebühren	20	66	1,55
— Freistellungen	10	33	1,40
— Infrastrukturmaßnahmen	6	20	1,83
— Hilfeleistungen für den Fiskus	6	20	1,00
○ *Öffentlichkeit*			*1,52*
— Spenden/Stiftungen	17	56	1,47
— Öffentlichkeitsarbeit	13	43	1,46
— Veröffentlichungen	7	23	1,71
— Soziale Programme	5	16	1,60
Forschung und Entwicklung			1,41
— Investitionen/Kosten/Erträge	7	23	1,43

Berichtsdimension	Zahl der berichtenden Unternehmen	Prozentualer Anteil der berichtenden Unternehmen	Qualitätskennziffer
– Aktivitäten	13	43	1,54
– Mitarbeiter	7	23	1,14
Lieferanten			**1,40**
– Zulieferungen	10	33	1,40
Konsumenten			**1,67**
– Versorgungsqualität	7	23	1,71
– Kundenbefragungen	5	16	1,60
– Marketingpolitik	5	16	1,80
– Beratung	4	13	1,50

Am besten erschlossen ist in der deutschen Sozialberichterstattung ohne Zweifel das Bezugsfeld der Mitarbeiter sowohl quantitativ als auch qualitativ. Während die Bereiche Personalpolitik, Personalstruktur, Bildung und Betriebsklima unter qualitativen Aspekten überdurchschnittlich gut zu beurteilen sind, fällt das entsprechende Urteil über die Mitbestimmung und die sonstigen Sozialleistungen weniger gut aus. Von allen Einzelpositionen berichten die Unternehmen über das Unfallwesen am besten, über den Versicherungssektor am schlechtesten.

Über die natürliche und gesellschaftliche Umwelt, über Forschungs- und Entwicklungsaktivitäten sowie über die Lieferantenbeziehungen wird allgemein qualitativ schlecht informiert; interessant ist hier die Tatsache, daß in der Schweiz die Migros-Gemeinschaft diesen Aspekt zum Schwerpunkt ihrer Sozialbilanz 1980 gemacht hat. Ausnahmen bilden Maßnahmen zur Einsparung von Energie.

Die Bezugsgruppe der Konsumenten wird quantitativ am wenigsten angesprochen, liegt aber in der qualitativen Berichterstattung der Rangskala an zweiter Stelle.

Die Berichtsqualität der Erläuterungen zur Wertschöpfungsrechnung und des Zahlenwerks selbst ist relativ gut. Hier wurde ein mittlerer Qualitätswert von

2,56 ermittelt. Im wesentlichen beziehen sich die Erläuterungen auf die Verteilungsseite der Wertschöpfungsrechnung.

Bei der Sozialrechnung ist die Berichtsqualität vergleichsweise niedrig. Es handelt sich mehrheitlich um eine Zusammenstellung der bereits im Sozialbericht benannten Aufwandsdaten, die im Zusammenhang mit der Sozialrechnung allerdings nicht noch einmal erläutert oder interpretiert werden. Interpretationen der Ergebnisse im Ganzen existieren nicht. Externes Vergleichsmaterial ist nicht vorhanden.

4. Die „Analyse der Informationsbedürfnisse" von Gehrmann/Lembach

Noch immer wird die soziale Berichterstattung in deutschen Unternehmen weitgehend unabhängig von der Einschätzung der unmittelbar angesprochenen Bürger erstellt. Die Informationsbedürfnisse der unterschiedlichen gesellschaftlichen Bezugsgruppen werden nur in Ansätzen direkt berücksichtigt. Auf Dauer ist es jedoch nur möglich, gesellschaftliche Gruppen dadurch anzusprechen, daß man sie über ihre Probleme und Interessen informiert.

Diesem Ziel ein Stück näher zu kommen, diente eine Befragung, die Gehrmann und Lembach 1979 durchgeführten, und in der sie 100 Arbeitnehmern die Frage stellten: „Bei welchem Themenbereich besteht bei den Arbeitnehmern das größte Informationsbedürfnis?" Die einzelnen Themenbereiche waren vorgegeben.

Obwohl durch die geringe Anzahl der befragten Arbeitnehmer und durch die Vorgabe bestimmter Themenbereiche eine Allgemeingültigkeit der statistischen Ergebnisse nicht gegeben ist, kann die Rangfolge der Informationsbedürfnisse den Unternehmen erste Hinweise auf Wünsche und Interessen geben (Gehrmann/Lembach 1979, siehe nachstehende Übersicht).

Abgeleitete Hinweise aus dieser Rangfolge der Informationsbedürfnisse können sein:

○ Mitarbeiter wünschen eine integrierte Darstellung von Geschäftsbericht und gesellschaftsbezogener Berichterstattung.

○ Mitarbeiter wollen nur nachgeordnet über die Beziehungen des Unternehmens zu Staat und Öffentlichkeit informiert werden. Lieferanten und Konsumenten werden in diesem Zusammenhang überhaupt nicht angesprochen.

○ Mitarbeiter möchten darüber informiert werden, inwieweit das Unternehmen die natürliche Umwelt in Anspruch nimmt und belastet.

○ Mitarbeiter haben das Bedürfnis, daß das Unternehmen sie in erster Linie über

Rang	Themenbereich
1	Arbeitsplätze
2	Investitionspolitik
3	Gewinne
4	Einkommen
5	Umweltbelastungen
6	Arbeitszeit
7	Umweltschutzinvestitionen
8	Lohnstruktur
9	Geschäftslage
10	Freiwillige soziale Leistungen
11	Aus- und Weiterbildung
12	Arbeitsbelastung
13	Forschungsaktivitäten
14	Weihnachts-, Urlaubsgeld
15	Personalstruktur
16	Arbeitgeberbeiträge zur Renten-, Kranken- und Arbeitslosenversicherung
17	Vermögensbildung
18	Produktivitätsentwicklung
19	Pensionszahlungen
20	Firmenwohnungen, Mietzuschüsse
21	Leistungen des Unternehmens an die Öffentlichkeit
22	Inanspruchnahme von Leistungen des Staates durch das Unternehmen
23	Abhängigkeit des Unternehmens von Dritten
24	Leistungen des Unternehmens an den Staat
25	Abhängigkeit Dritter von dem Unternehmen

die Sicherheit ihrer Arbeitsplätze, den hierzu durchgeführten Investitionen und den erforderlichen Gewinnen informiert.

O Mitarbeiter interessieren sich sehr stark für den Bereich der betrieblichen Arbeitszeit. Erst dahinter folgt das Interesse an Lohnstrukturen, freiwilligen sozialen Leistungen, Aus- und Weiterbildungsaktivitäten sowie Personalstrukturen und -beständen.

5. Die gesellschaftsbezogene Berichterstattung aus der Sicht der Gewerkschaften

Ende 1976 legte auch der *Deutsche Gewerkschaftsbund* eine Dokumentation zum Thema der gesellschaftsbezogenen Berichterstattung vor, in der er sich hierzu erstmals offiziell äußerte. Danach waren Sozialbilanzen Abwehr- und Verteidigungsinstrumente gegen die gesellschaftlich erhobene Kritik an den Unternehmen; sie sollten die Öffentlichkeit und die Belegschaft beschwichtigen und stellten neu entwickelte Instrumente der Firmenwerbung dar. Sozialbilanzen waren nach damaliger gewerkschaftlicher Sicht generell abzulehnen (DGB-Bundesvorstand 1976).

Anschließend setzten sich auch mehrere Einzelgewerkschaften kritisch mit der gesellschaftsbezogenen Berichterstattung auseinander. Besonders hervorzuheben ist die *IG Chemie-Papier-Keramik*, die eine Art Antibilanz zu der BASF-Sozialbilanz 1976 erstellte, in der sie in wenig sachlicher Argumentation die BASF grundsätzlich angriff und in Mißkredit zu bringen suchte.

Die Auffassung des Deutschen Gewerkschaftsbundes selbst hat sich in den letzten Jahren gründlich geändert. Die vorgelegten Sozialbilanzen werden generell nicht mehr in Frage gestellt, sondern nur in einzelnen Punkten kritisiert (Kittner/ Mehrens 1977; Küller 1978). Kritikpunkte sind:

○ Durch die Verwendung der *Bruttowertschöpfung* werden die betrieblichen Abschreibungen, die ja in erster Linie der investiven Gewinneinbehaltung und der steuerlichen Gewinnschmälerung dienen, manipuliert und der den Mitarbeitern zufließende Teil der Wertschöpfung zu hoch ausgewiesen.

○ *Pensionsrückstellungen* werden als gesellschaftliche Leistungen der Unternehmen eingestuft, jedoch zunächst für die Unternehmensfinanzierung benutzt.

○ Zahlreiche Aufwendungen der Unternehmen, wie etwa für Zwecke der Bildung, der Forschung oder der Verbraucheraufklärung, stiften sowohl der Gesellschaft als auch den Unternehmen Nutzen. Dieser Doppelcharakter wird nicht berücksichtigt.

○ Die Zurechnung von *Lohn- und Gehaltszahlungen* im Bereich der sozialen Nutzen ist zu verneinen. Diese Zahlungen erfolgen, weil die Unternehmen die entsprechenden Arbeitskräfte benötigen. Daher liegt dieser Nutzen bei den Unternehmen und nicht bei den Arbeitnehmern.

○ Die gesellschaftsbezogene Berichterstattung ist für Außenstehende nicht überprüf- und vergleichbar.

Der Deutsche Gewerkschaftsbund erarbeitete einen eigenen Vorschlag, den er im Sommer 1979 veröffentlichte. Es handelt sich um einen Katalog arbeitsorientierter Indikatoren bzw. Kennziffern, der die gewerkschaftlichen Mindestanforderungen an die gesellschaftsbezogene Berichterstattung beschreibt. Im einzelnen umfaßt dieser Forderungskatalog verbindliche Sozialvorgaben mit etwa 330 Einzelindikatoren, die insgesamt 10 Berichtsgruppen zugeordnet sind (DGB-Bundesvorstand 1979):

○ Beschäftigung
  – Personalbestand und Personalstruktur
  – Fluktuation
  – Kündigungsschutz

○ Einkommen
  – Lohnformen und Verfahren zur Leistungsermittlung
  – Brutto-Löhne und Gehälter
  – Zuschläge und Zulagen
  – Sonstige Zahlungen und Leistungen
  – Soziale Einrichtungen mit Einkommenseffekten

○ Arbeitszeit
  – Länge der Arbeitszeit
  – Arbeitszeiteinteilung
  – Erholzeiten und Urlaub

○ Arbeitsgestaltung
  – Veränderte Technik
  – Arbeitsorganisation
  – Gesundheit und Arbeitssicherheit

○ Qualifikation
  – Qualifikationsstruktur
  – Bildungsmaßnahmen und Bildungsaufwand
  – Berufsausbildung

○ Mitbestimmung und Information
  – Informationspolitik des Unternehmens
  – Interessenvertretung der Arbeitnehmer
  – Besondere Konflikte

○ Ökonomische Daten
  – Produktion, Produktivität, Absatz
  – Wertschöpfung, Einkommensverteilung
  – Ausgabenpolitik des Unternehmens

○ Subventionierung/Belastung öffentlicher Haushalte
  – Art der Subvention
  – Herkunft der Mittel
  – Zielsetzung der Förderung, Art des Förderungsprogramms
  – Indirekte Subventionierung

- Umweltbelastung
  — Ausmaß der Belastung
  — Maßnahmen des Unternehmens zur Milderung der Belastung oder Kompensation
  — Erfüllung von gesetzlichen Normen

- Beitrag zur Erfüllung gesellschaftlicher Ziele
  — Investitionen unter regionalem Gesichtspunkt
  — Investitionen und Beschäftigung

Der Deutsche Gewerkschaftsbund forderte die sozialbilanzierenden Unternehmen gleichzeitig dazu auf, mit den Gewerkschaften in konkrete Verhandlungen über die Ausgestaltung der gesellschaftsbezogenen Berichterstattung zu treten. Die Basis soll der vorgelegte Indikatoren-Vorschlag sein. Solange dies nicht geschieht, soll auch künftig keine gewerkschaftliche Zustimmung zu Sozialbilanzen erfolgen. Eine gesetzliche Regelung lehnen die Gewerkschaften vorerst noch ab. Ausdrücklich wird eine Einbeziehung der Betriebsräte an der Erstellung der gesellschaftsbezogenen Berichterstattung gefordert.

Die bisherigen Stellungnahmen der Unternehmen stehen dem gewerkschaftlichen Vorschlag sehr kritisch gegenüber (Heymann 1982):

- Der hohe Detaillierungs- und Konkretisierungsgrad der Indikatoren läßt sich nur in einem starren und mit hohen Aufwendungen verbundenen Erhebungs- und Aufbereitungssystem erreichen.

- Zahlreiche Fragen der Indikatorenbestimmung und Kennzahlenbewertung sind selbst wissenschaftlich noch ungelöst. Vorgelegte Ergebnisse können daher in den meisten Fällen nur willkürlich sein.

- Die Gewerkschaften erhalten auf diese Art eine neue Möglichkeit der Informationsbeschaffung, etwa für Zwecke der Tarif- und Mitbestimmungspolitik, ohne die dabei entstehenden Kosten tragen zu müssen.

Bisher hat der Deutsche Gewerkschaftsbund seine Absicht, eine unmittelbare Einflußnahme auf die gesellschaftsbezogene Berichterstattung auszuüben, nicht durchsetzen können. Zwar beteiligen einige Unternehmen ihre Betriebsräte freiwillig an der Erstellung ihrer Sozialbilanz, sind jedoch zu Recht grundsätzlich nicht dazu bereit, mit den Gewerkschaften über den Inhalt einer Sozialbilanz zu verhandeln. Damit würden sie nämlich ihre Handlungs- und Informationsfreiheiten beträchtlich einengen. Und nicht zuletzt werden die Gewerkschaften als Kontrollorgane sozialen Wohlverhaltens abgelehnt.

6. Die gesellschaftsbezogene Berichterstattung als Objekt politisch-gesetzlicher Überlegungen

Als bisher einziges Land kennt *Frankreich* eine gesetzliche Regelung, nach der ab einer bestimmten Mitarbeiterzahl Unternehmen zu einer jährlichen gesellschaftsbezogenen Berichterstattung verpflichtet sind. Diese Grenze liegt bei 300 Beschäftigten. Das zugrunde liegende Konzept ähnelt stark dem Vorschlag der deutschen Gewerkschaften und beinhaltet eine von der französischen Regierung genau festgelegte Liste sozialer Indikatoren, die den Mindestinhalt bestimmt (Vogelpoth 1980). Organisatorisch müssen die Unternehmen mit den Betriebsräten zusammenarbeiten und ihnen bei Meinungsverschiedenheiten auch das Recht der eigenen Darlegung einräumen. Bei Nichtbeachtung werden finanzielle Strafen verhängt.

Das geltende *deutsche Recht* enthält dagegen keine Vorschriften über Art und Ausgestaltung gesellschaftsbezogener Berichterstattungen. Dennoch ist die Diskussion über die gesetzliche Normierung der Sozialbilanzen auch in der Bundesrepublik in Gang gekommen. Eine deutliche Sprache sprechen hierzu die Stellungnahmen der dem Bundesministerium der Justiz zugeordneten Unternehmensrechtskommission.

Ein Teil der Kommission tritt für eine gesetzliche Regelung ein, die den Unternehmen auch in Deutschland zur Pflicht machen soll, Sozialbilanzen nach gesetzlich vorgeschriebenen Maßstäben zu erstellen. Nach Ansicht dieser vornehmlich gewerkschaftlich orientierten Kommissionsmitglieder werden die Unternehmen soziale Aktivitäten in größerem Stile nur dann entfalten, wenn ihnen bestimmte Informationen zur Pflicht gemacht werden. Gesetzliche Fixdaten sind darüber hinaus erforderlich, um bereits veröffentlichte Sozialbilanzen auf eine einheitliche Grundlage zu stellen und damit für Außenstehende vergleichbar zu machen. Andere Mitglieder der Kommission sind hingegen der Meinung, daß ein Bedürfnis für eine gesetzliche Regelung hierzu *nicht besteht*. Die Unternehmen berichten bereits seit Jahren über soziale Aktivitäten. Es ist zu erwarten, daß sich diese Berichte in den nächsten Jahren verbreiten werden. Zudem zeigen die Tendenzen der Sozialbilanzierung, daß unter Mitwirkung von Verbänden, Parteien und gewerkschaftlichen Stellungnahmen weiterführende Anstöße aus der Praxis selbst erfolgen. Es ist daher nur sinnvoll, diese Flexibilität weiterhin aufrechtzuerhalten. Eine augenblickliche gesetzliche Fixierung erscheint nicht nur nicht notwendig, sondern sogar störend.

Die künftig im Mittelpunkt stehende Frage lautet daher: Sollen Unternehmen zentralisierte, als Ergebnis eines gesellschaftlichen Verhandlungsprozesses fixierte Sozialbilanzen in Form politisch vorgeschriebener Sozialindikatoren erstellen, oder soll ihnen die Freiheit belassen werden, in dezentralisierter Form und durch Arbeitskreise untereinander abgestimmt, über den Inhalt ihrer gesellschaftsbezogenen Berichterstattung selbst entscheiden zu können?

Dabei sprechen in der jetzigen Phase doch einige gewichtige und nicht zu leugnende Argumente für eine gesellschaftsbezogene Berichterstattung als freiwilliges Informationsinstrument der Unternehmen (Heymann/Seiwert 1982):

- o Die Forderung der detaillierten Vorgabe einer Vielzahl gesellschaftsbezogener Indikatoren ist angesichts der Komplexität und Wandelbarkeit sozialer Phänomene unrealistisch. Zu dem Zeitpunkt, zu dem ein solcher Katalog erstellt und den Unternehmen vorgegeben wird, ist er bereits wieder überholt, da neue, bis dahin unbekannte Sozialaktivitäten aufgetreten sind.

- o Exakt vorgegebene Bereiche gesellschaftsbezogener Berichterstattungen unterliegen stets der Gefahr, Umgehungsstrategien hervorzurufen. Unternehmen, denen Verbotszonen und Gebotsgrenzen genau bekannt sind, fällt es wesentlich leichter, Wege der Ausklammerung zu finden.

- o Exakt abgegrenzte Kataloge gesellschaftsbezogener Aktivitäten sind nur allzu oft reine Zahlenwerke, die das Eigenleben eines Unternehmens völlig vernachlässigen und die Möglichkeiten unternehmensindividueller Besonderheiten nicht beachten.

Die Wirkung dieser Argumente auf die aktuelle Sozialbilanz-Landschaft in Deutschland wird nicht zuletzt durch das politische Kräfteverhältnis zwischen gewerkschaftlichen Vertretern und Mitgliedern sozialbilanzierender Unternehmen bestimmt werden. Hier spricht allerdings vieles dafür, daß die gesellschaftsbezogene Berichterstattung in nächster Zeit keine zentralisierten Reglementierungen zu befürchten hat.

II. Gesellschaftsbezogene Berichterstattung in der Schweiz – Sozialbilanzen: Praktische Beispiele und Erfahrungen

1. Einleitung

Auch die Schweiz wird immer mehr vom gesellschaftlichen Wandel betroffen, der in allen Bereichen und Wirtschaftszweigen zu einem neuen Unternehmensverständnis führt. Es werden neue Mittel und Wege gesucht, um den neuen Forderungen der Gesellschaft und der wirtschaftlichen Gegebenheiten Rechnung zu tragen.

Im Unterschied zu Deutschland hat sich die Sozialbilanz bei den Unternehmen als externes Informationsinstrument nur in wenigen Fällen durchzusetzen vermocht, da die Haltung der Schweizer Unternehmen immer zurückhaltend war. Zum Teil zu unrecht, denn die Bestrebungen nach einer verbesserten Publizität und die Empfehlungen der internationalen Gremien (UNO, OECD, u.a.) für eine vermehrte Aufnahme gesellschaftsbezogener Themen in die Jahresberichterstattung zeigen, daß auch in der Schweiz vermehrt über die gesellschaftsbezogenen Unternehmensaspekte berichtet werden muß.

Die Informationspolitik ist in der Schweiz vorwiegend Sache der Unternehmen. Inwieweit die Arbeitsgruppen, die im Rahmen der OECD und der EG dieses Thema behandeln, die Schweiz zu Konzessionen bewegen können, ist zur Zeit nicht abzuschätzen. Auf jeden Fall kann man feststellen, daß die Unternehmen, welche sich seit langem zur umfassenden Unternehmenspublizität bekennen, wirtschaftlich nicht schlecht abschneiden, ja zum Großteil vom Goodwill der Öffentlichkeit profitieren.

Die Unternehmenspublizität in der Schweiz hat sich aufgrund eines „freien" Wettbewerbs entwickelt, welcher viel dazu beigetragen hat, die Informationspolitik der Unternehmen zu verbessern. Damit wurde auf freiwilligem Wege erreicht, was in anderen Ländern durch staatliche Maßnahmen erzwungen wurde.

2. Die Pioniere der Schweiz

1975 wurde unter Ausschluß der Öffentlichkeit in Zürich eine Tagung durchgeführt, auf der Vertreter der wichtigsten Branchen der schweizerischen Wirtschaft sich mit der Frage beschäftigten, ob auch die Schweiz eine Institution zum pragmatischen Studium der gesellschaftsbezogenen Information und Unternehmensführung ins Leben rufen sollte. Vorbild war die bundesdeutsche „Stiftung Gesellschaft und Unternehmen" (Arbeitskreis Sozialbilanz Praxis). Die Teilnehmer, es handelte sich um 10 Vertreter der Banken, der Chemieindustrie, des Einzelhandels, der Bauwirtschaft, der Maschinenindustrie, der Uhrenindustrie, des Energiesektors, u.a., kamen zum Schluß, daß eine „dezentralisierte" Vorgehensweise vorzuziehen sei und jedes Unternehmen sein eigenes Konzept ausarbeiten und eigene Prioritäten setzen sollte. So wurde die Basis für die *unternehmensindividuelle Konzeption*" der schweizerischen Unternehmen und Organisationen gelegt. U.E. unterscheidet sie sich von der deutschen insofern, als es sich ja bei der gesellschaftsbezogenen Berichterstattung um „qualitative" Aspekte handelt, welche dem persönlichen Profil und Tätigkeitsbereich der Unternehmen genau angepaßt sein müssen. Andererseits hat diese Praxis den Nachteil, daß die internen oder externen schweizerischen Berichte schlecht miteinander vergleichbar sind.

Die Unternehmen und Verbände, die sich zur gesellschaftsbezogenen Berichterstattung entschlossen haben, schätzen vor allem den Lernprozeß, der sich durch dessen Erstellung ergibt. Die Pioniere der Schweiz sind der Migros-Genossenschaftsbund, Brown Boveri & Cie. AG und Nestle.

a) Migros-Genossenschaftsbund

Pierre Arnold, der Vorsitzende des *Migros-Genossenschaftsbundes*, faßte auf der erwähnten Tagung den Entschluß, eine „Sozialbilanz" zu publizieren.

1978 erschien die erste umfassende Sozialbilanz der Migros. Der Untertitel der rund neunzigseitigen Broschüre, „Eine Darstellung der gesellschaftsbezogenen Ziele und Tätigkeiten der Migros-Gemeinschaft", weist grob auf den Inhalt hin. Zunächst werden die Ziele der Migros-Gemeinschaft publiziert, die anschließend durch die Öffentlichkeit beurteilt werden (durch Umfragen verschiedener unabhängiger Institute). In mehreren Kapiteln wird dann über die Beziehungen der Migros zu Lieferanten, Mitarbeitern, Kunden, öffentlicher Hand, usw. berichtet. Am Schluß folgen die Konzernbilanz und eine Wertschöpfungsrechnung (vgl. Bild 32, 33 und 34).

Die Reaktionen auf diese erste Sozialbilanz der Migros waren sehr unterschiedlich. Nach unserer Meinung hätte Migros — was sie bei ihrer zweiten umfassenden Sozialbilanz 1980 auch versuchte — besser nur einen Teil der im ersten Anlauf dargestellten Materie behandelt. Es versteht sich, daß ein so großes Unternehmen, das zudem Branchenführer ist, besonders kritisch beurteilt wird.

Bei einem so vielseitigen Unternehmen wie dem Migros-Genossenschaftsbund ist es schwierig, für jeden Bereich (Bank, Versicherung, Produktion, Verkaufsorganisationen, Shopping-Centers, Klubschulen, Buchhandel, u.a.) eine einzige Sozialbilanz zu verfassen. Sicherlich wäre zu prüfen, ob nicht für jeden Bereich eine separate Publikation zu verfassen sei, die man allenfalls nachher als „Sammelband" den Interessenten zur Verfügung stellen könnte (Senarclens 1981).

1979 führte die Migros ihre Sozialbilanz im Rahmen des Geschäftsberichtes in Form eines rund zwanzigseitigen Personalberichtes weiter, um Ende 1980 ihre zweite umfassende Sozialbilanz herauszugeben.

Migros hat 1980 versucht, die Kritiken und Anregungen, die sie aufgrund der ersten Publikation erhielt, zu verarbeiten.

Die *Migros-Sozialbilanz*, die alle zwei bis drei Jahre erscheint, behandelt seither jeweils ein „Schwerpunktthema". 1980 war es die „Nachfragemacht" (d.h. Lieferantenabhängigkeit). Aufgrund der 1980 daraus gewonnenen Erkenntnisse — einige Lieferanten sind fast ausschließlich auf die Migros angewiesen —, entschloß sich das Unternehmen, die Lieferantenabhängigkeit fortan auf 30 % zu begrenzen. 1980 zählte die neue „Sozialbilanz" beinahe 200 Seiten. Der Stil mutet wissenschaftlich an, so daß u.E. diese Form sich mehr an Wissenschaftler und Spezialisten als an die nach wie vor primäre Zielgruppe, nämlich die eigenen Mitarbeiter, richtete. 1983 wird das Schwerpunktthema „Migros und die Konkurrenten" behandelt und 1985/86 könnte es „Migros und die Produktionsbetriebe" lauten.

Durchschnittlich pro Jahr aufgewendete Zeit	während der ordentlichen Arbeitszeit		außerhalb der ordentlichen Arbeitszeit	
	Anzahl Mitarbeiter	total benötigte Tage	Anzahl Mitarbeiter	total benötigte Tage
1– 5 Tage	51	138	34	99
6–10 Tage	13	100	16	145
über 10 Tage	10	183	7	92
Total	74	421	57	336

Bild 32: Tätigkeit der Migros-Mitarbeiter in Berufsorganisationen, Verbänden und Gewerkschaften nach der Migros-Sozialbilanz 1980

Inhaltsverzeichnis

	Seite
Vorwort	1
Einleitung und Überblick	3
Grundlagen und Aufbau der Sozialbilanz	6
Die Ziele der Migros und ihre Beurteilung in der Bevölkerung	7
Zielbildung und -formulierung in den Bereichen „Mitarbeiter" und „Kulturelles und Soziales"	11
Unter der Lupe:	15
Nachfragemacht der Migros? Versuch einer sachlichen Anwort	16
Die Migros und ihre Kunden	
Die Handelstätigkeit der Migros-Gemeinschaft	33
Die übrigen kommerziellen Aktivitäten	41
Migros-Genossenschaft	41
Ex Libris Verlag und Grammoclub AG	42
Genossenschaft Hotelplan	45
Migros Bank	46
Secura Versicherungsgesellschaften	47
Die Aktivitäten der Migros-Gemeinschaft im Bereich der Kultur und des Sozialen	49
Bildung	50
Klubschulen	50
Stiftung für Europäische Sprach- und Bildungszentren (Eurozentren)	53
Kulturelle und soziale Aktivitäten	56
Kulturelle Aktionen	56
Soziale Aktionen	60
Finanzielle Maßnahmen	63
Spezielle Stiftungen der Migros-Gemeinschaft	64
Die Beiträge der Migros-Gemeinschaft zum Umweltschutz und sparsamen Gebrauch von Energie und natürlichen Rohstoffen	66
Die Migros und ihre Mitarbeiter	72
Die Migros und die Öffentlichkeit	92
Die Migros-Gemeinschaft und ihre Genossenschafter	99
Wertschöpfungsrechnung der M-Gemeinschaft 1978/1979	102

Bild 33: Der Inhalt der Migros-Sozialbilanz 1978

Durchschnittlich pro Jahr aufgewendete Zeit	während der ordentlichen Arbeitszeit		außerhalb der ordentlichen Arbeitszeit	
	Anzahl Mitarbeiter	total benötigte Tage	Anzahl Mitarbeiter	total benötigte Tage
1– 5 Tage	66	165	60	172,5
6–10 Tage	14	110	30	223
über 10 Tage	10	230	24	555
Total	90	505	114	950,5

Bild 34: Tätigkeit der Migros-Mitarbeiter in politischen Ämtern nach der Migros-Sozialbilanz 1980

b) Brown Boveri & Cie. AG

Brown Boveri & Cie. AG (BBC), der größte Industriekonzern der Schweiz, hat 1978 einen Sozialbericht publiziert, der sich nur mit dem Kreis der „Mitarbeiter" befaßt.

1980/81 hat BBC einen zweiten Bericht publiziert, der wie 1978 den Hauptzweck, die eigenen Mitarbeiter umfassend zu informieren, voll erfüllt.

Inhaltsverzeichnis zum Sozialbericht 1980/81:

Einleitung: ZUM SOZIALBERICHT 1980/81

    Die Wirtschaftsentwicklung beeinflußt das soziale Geschehen

1. Teil: DIE BBC-MITARBEITER
- Was heißt hier BBC?
- Eintritte und Austritte im Jahr 1980
- Personalbeschaffungsprobleme
- Austrittsgründe
- Der Personalbestand Ende 1980
- Die Zusammensetzung des Personalbestandes 1980
- Die Entwicklung des Personalbestandes seit 1977
- Frauen und Teilzeitarbeit

- Die Temporären
- Werkstattpersonal und techn.-adm. Personal
- Die Multinationalität von BBC
- Das Alter der BBC-Mitarbeiter
- Das Dienstalter der BBC-Mitarbeiter
- Die Familienverhältnisse der BBC-Mitarbeiter
- Die Absenzen und ihre Gründe
- Die Fluktuationsrate
- Die Personalvertretungen berichten über ihre Tätigkeit

2. Teil: WERTSCHÖPFUNGSRECHNUNG
- Die Entstehung der Unternehmensleistung
- Die Verwendung der Unternehmensleistung
- Die Verteilung der Wertschöpfung
- Brown Boveri und die Lieferanten
(Was wird wo eingekauft? Wer sind die Lieferanten? Vorteile der Geschäftsbeziehungen. Nachteile für beide Seiten. Wichtige Einkaufsgrundsätze von BBC.)

3. Teil: SOZIALRECHNUNG
- Wohnbauten und Wohnungsbeihilfe
- Die Personalverpflegung
- Personaltransporte und Fahrtkostenentschädigungen
- Personal-Depositenhefte
- Bildung

4. Teil: DER BBC-ENERGIEHAUSHALT
- Strom: ‚Einsparungen' dank Brandfall
- Echte Einsparungen bei den flüssigen Brennstoffen
- Weg vom Benzin und Propan, hin zu Diesel und Strom
- Minderverbrauch beim Erdgas
- Auftragsbedingter Verbrauch von Heizöl spezial
- Gesamtüberblick

5. Teil: BBC UND DIE REGION BADEN
- BBC stellt einen Drittel der Arbeitsplätze
- BBC-Familien — ein Fünftel der Bevölkerung
- Schicksalsgemeinschaft BBC und die Region
- Parkplatzsorgen in Baden
- Zusammenfassung

In Zukunft beabsichtigt BBC, alle 2 bis 3 Jahre einen neuen Sozialbericht zu publizieren, der auf diesem Konzept aufbaut. Die Zahlen werden periodisch auf-

	1976	1977	1978	1979	1980
Entstehung der Unternehmensleistung					
Umsatzerlöse	1918	2103	2326	2550	2759
Veränderungen des Bestandes an fertigen und halbfertigen Erzeugnissen	48	85	151	−22	−84
Wert der selbsthergestellten Anlagen	3	5	3	5	4
Übrige Einnahmen	100	108	104	105	118
Gesamte Unternehmensleistung	2069	2301	2584	2638	2797
Verwendung der Unternehmensleistung					
Material und Wareneinkauf	911	1108	1271	1260	1346
Sonstige Aufwendungen	211	235	266	283	331
Abschreibungen auf Sachanlagen	82	79	84	86	82
Wertberichtigungen, Rückstellungen, Abschreibungen auf Beteiligungen	49	76	79	52	39
Netto-Wertschöpfung	816	803	884	957	999
Verteilung der Wertschöpfung					
Von anderen Unternehmen erhaltene Wertschöpfung	54	74	86	79	84
Verteilbare Wertschöpfung	870	877	970	1036	1083
Verteilung an:					
Mitarbeiter (Personalaufwand inkl. Personalfürsorge)	783	786	867	934	975
Kreditgeber (Passivzinsen)	25	25	32	34	39
Staat (direkte Steuern)	25	28	30	27	43
Aktionäre (Dividenden)	35	35	39	39	43
Unternehmung	2	3	2	2	0
Verteilbare Wertschöpfung	870	877	970	1036	1083

Bild 35: Die Wertschöpfung der BBC (in Mio Fr.)

datiert. Es ist vorgesehen, jeweils ein bis zwei neue Schwerpunktthemen dazuzunehmen, deren Inhalt 1982 noch nicht feststeht.

Obwohl die Zielgruppe vorerst die eigenen Mitarbeiter sind, hat BBC festgestellt, daß der Bericht insbesondere extern auf großes Interesse stieß. Die Unternehmensleitung weiß auch nicht genau, ob die Betriebskommissionen mit dem Bericht arbeiten oder nicht, aber die meisten Kommissionen haben erkannt, daß der Sozialbericht für ihre Arbeit ein wertvolles Informationsmittel darstellt. Betriebsintern und -extern dient heute der BBC-Sozialbericht als eine wertvolle Argumentationshilfe.

Überzeugend ist die Aufstellung der Wertschöpfungsrechnung und deren visuelle Gestaltung, die versucht, bildhaft dem Informationsstand der meisten Mitarbeiter entegegenzukommen (vgl. Bild 34, 35 und 36).

Innerhalb des Unternehmens dient die Arbeit der Sozialbilanz-Gruppen — jedes Mal erarbeitet ein anderes Team den Sozialbericht — der Ausarbeitung einer gesellschaftsbezogenen Unternehmenskonzeption, wie wir sie weiter oben bereits dargestellt haben.

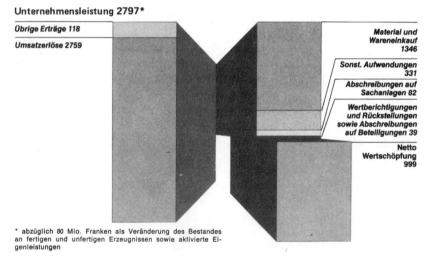

Bild 36: Die Netto-Wertschöpfung der BBC 1980 / Entstehung

Verteilung der Wertschöpfung 1980 in Mio. Franken

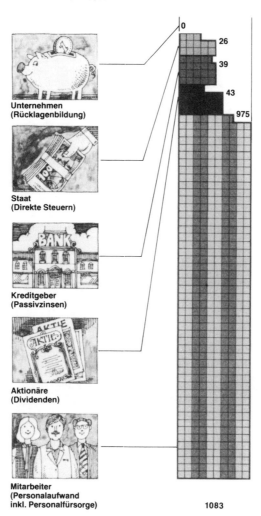

Bild 36: Die Netto-Wertschöpfung der BBC 1980 / Verteilung

Die BBC-Mitarbeiter haben im Geschäftsjahr 1980 90,0% der verteilbaren Wertschöpfung erhalten, die Aktionäre 4,0%, die Kreditgeber 3,6% und der Staat 2,4%. Auf eine zusätzliche Reserve für das Unternehmen hat im Jahr 1980, aufgrund des schlechten Geschäftsergebnisses, verzichtet werden müssen.

c) Nestlé

Das internationale schweizerische Unternehmen Nestlé prüfte vor der Veröffentlichung ihres erstmals 1977 erschienenen Personalberichtes eingehend die Möglichkeit einer konsolidierten Publikation. Dies erwies sich als unmöglich. Es zeigte sich als praktisch nicht durchführbar, Personaldaten von Guatemala mit denjenigen des Mittleren Ostens und der Schweiz zu vergleichen. An diesem Beispiel zeigt es sich konkret, daß die Sozialbilanz vor allem „qualitativen" Charakter hat.

Seither publiziert Nestlé alle zwei Jahre die „Sozialstatistiken" (statistiques sociales), bezogen auf die Holding in Vevey, als separate Publikation zum Geschäftsbericht. Der Geschäftsbericht enthält in der Regel Elemente der Sozialbilanz, so eine Wertschöpfungsrechnung, einen *Bericht über die* Aktivitäten in den Entwicklungsländern, Personal- und Schulungsberichte. Nach deutscher Auffassung kann man durchaus sagen, daß Nestlé einen Sozialbericht — zumindest ansatzweise — als Bestandteil des Geschäftsberichts publiziert.

Das heute vorliegende gesellschaftsbezogene Unternehmenskonzept, hat Nestle in drei verschiedenen Phasen verwirklicht.

1. Phase von 1975 — 76

Verwendung der amerikanisch-britischen Konzeption der „Social Audit" — einer sozialbilanzähnlichen Sozialkosten- und Sozialnutzen-Analyse — bei Nestlé.

Bei diesem Ansatz wurden zwei unterschiedliche Methoden parallel praktiziert:

1. Methode: Die internen Controller, in drei Überseeländern (Australien, Peru und Südafrika), wurden für eine pragmatische Analyse der sozialen Kosten und Nutzen eingesetzt.
Für die Erhebung wurden Checklisten verwendet, deren Auswertung einem internen Bericht für die Geschäftsleistung entsprach.

2. Methode: Eine Checkliste wurde den Leitern der Nestlé-Betriebe in drei europäischen Ländern zugestellt, und zwar in Deutschland, der Schweiz und Belgien.
Die betreffenden Betriebe konnten frei darüber entscheiden, ob sie einen schriftlichen Bericht abliefern oder eine verbale, mündliche Berichterstattung vorziehen wollten.
Das Checklisten-Verfahren erlaubte, eine Basis für die gesellschaftsorientierte Unternehmenspolitik von Nestle zu erarbeiten (Frühwarnsystem, Zielbezogenheit).

2. Phase von 1977 – 79

In dieser Periode unternahm Nestlé den Versuch einer „Sozialbilanzierung" und publizierte den ersten Sozialbericht in Form eines Personalberichts. Nestlé unternahm eine Art Inventar der sozialen Forderungen und Leistungen, jedoch nur für den schweizerischen Hauptsitz des Unternehmens. Man beschränkte sich bewußt auf den Bereich der Mitarbeiter. Für die Erhebungen wurde eine Arbeitsgruppe mit je einem Mitarbeiter aus den Bereichen Pensionskassen, Sozialversicherungen, Personalführung, Public Relations gebildet, u.a., welche auch den ab 1977 alle zwei Jahre publizierten Personalbericht verfaßten. Diese Berichte wurden positiv und mit Interesse von der Öffentlichkeit aufgenommen. Auch innerhalb des Unternehmens selbst stießen die ersten Sozialberichte von Nestlé auf Interesse.

3. Phase von 1980 – heute

Heute bekennt sich Nestlé zu folgender Konzeption:

o Der Sozialbericht wird als eigenständiges Informationsinstrument aufgefaßt.

o Die gesellschaftsbezogene Information wird heute nicht in Form eines separaten Berichts publiziert, sondern als integrierender Bestandteil der Unternehmensinformation (Geschäftsbericht, Personalzeitung, Personalausbildung, u.a.).

o Der Sozialbericht wird alle zwei Jahre den Aktionären und einer breiteren Öffentlichkeit in Form von Sozialstatistiken und Graphiken (statistique sociales) zugestellt.

Zusammenfassung

Für Großunternehmen ist nach Auffassung von Nestlé die Analyse der sozialen Kosten und Nutzen (Social Audit) betriebsintern eine Notwendigkeit. Dies um so mehr, wenn eine qualitativ hochstehende Personalpolitik in allen Ländern, in denen das Unternehmen vertreten ist, absolute Priorität hat.

Gesellschaftspolitische Probleme, wie sie in Übersee vorkommen, können nicht mehr isoliert betrachtet werden. Angesichts der weltweiten Verflechtungen ist es wichtig, daß die gesellschaftsbezogene Unternehmenspolitik und deren Berichterstattung zwar auf lokale Verhältnisse ausgerichtet wird – in diesem Sinne also nicht konsolidiert ist – jedoch im Gesamtzusammenhang geplant und betrachtet werden muß. Der Rechenschaftsablegung der gesellschaftspolitischen Handlungen kommt innerhalb des Konzerns deshalb große Bedeutung zu.

Nestlé glaubt nicht, daß der „Sozialbericht" das Informationsmittel auch für gesellschaftsbezogene Fragen ist, da nicht alle Zielgruppen gleich informiert werden können.

3. Neueste Tendenzen

In der Schweiz befassen sich — trotz Rezession — immer mehr Unternehmen mit den Instrumenten der gesellschaftsbezogenen Berichterstattung. Meist wird eine Wertschöpfungsrechnung erstellt und mit dem Jahresbericht publiziert. Ein gutes Beispiel hierfür sind die *Sibra Holding* in Fribourg, welche bereits 1975 einen ersten Ansatz eines Personalberichtes in ihrem Geschäftsbericht aufnahm. Ferner gehört das *Stahlunternehmen Von Moos* in Luzern zu den Pionieren der Wertschöpfungsrechnung. Unternehmensintern entwickeln Unternehmen und Verbände immer mehr integrierte Management-Konzeptionen, die der situativen Erfassung der gesellschaftsbezogenen Forderungen und Leistungen und der neu zu formulierenden Ziele nach dem Prinzip des Goal-Accounting dienen.

Als erste Universität der Schweiz hat 1982 die *Universität Genf* eine umfassende „Sozialbilanz" publiziert. Sie umfaßt in gekürzter Form die folgenden Kapitel:

1. Einleitung
1.1 Historische Entwicklung der Sozialbilanz
1.2 Wissenschaftliche und theoretische Vorschläge für die Erstellung einer „Hochschul-Sozialbilanz"
1.3 Zielsetzungen
1.4 Raster für die Sozialbilanz
1.5 Methode

2. Lehre und Forschung
2.1 die Studenten (Struktur, Fluktuation, etc.)
2.2 der Lehrkörper
2.3 die Infrastruktur
2.4 Forschung (Mittel, Bereiche, Resultate)
2.5 Wissenschaftsgebiete, die doziert werden (Mittel, Bereiche, Resultate)
2.6 Dienstleistungen für die Studenten
2.7 Probleme und Unstimmigkeiten (u.a. Änderung der Studienrichtungen, Zulassungs-Verweigerung, Abgänge, u.a.)

3. Die Universität als „Unternehmen"
3.1 Finanzierung und Kosten der Lehrtätigkeit
3.2 Aufträge (Verteilung auf Wirtschaftszweige, auch geographisch, „Auftragspolitik")
3.3 Personal (Struktur, Mobilität, u.a.)

3.4 Gehälter und Sozialleistungen
3.5 Probleme und Unstimmigkeiten (Absentismus, u.a.)

4. *Auswirkungen der Hochschule auf die Nachbarschaft (Umwelt)*
4.1 Beitrag zum Volkseinkommen
4.1.1 Wertschöpfungsrechnung
4.1.2 Auswirkungen auf die öffentlichen Finanzen
4.1.3 Beitrag zur regionalen Volkswirtschaft
4.1.4 Impuls für Konsumenten
4.1.5 andere Auswirkungen auf die Volkswirtschaft
4.2 Einfluß auf den Arbeitsmarkt
4.3 Auswirkungen auf das „Universitätsleben"
4.4 Die Universität als Stätte der Begegnung
4.5 Beitrag zur Hebung des Wissenstandes der Allgemeinheit
4.6 Auswirkungen auf die physische Umwelt (Infrastruktur, Energie, negative Auswirkungen, u.a.)

Die *Sozialbilanz der Universität Genf* — so wird ausdrücklich im Vorwort festgehalten — ist ein internes Informationsinstrument, das nicht für die Öffentlichkeit bestimmt ist, da es vor allem der internen Standortbestimmung dient. Nach Auffassung der Autoren wäre „eine externe Universitäts-Sozialbilanz" eine gewollte selektive Darstellung der erarbeiteten negativen und positiven Aspekte, da eine derart ausgiebige statistische und qualitative Information, wie sie im internen Bericht vorhanden ist, für Außenstehende zu anspruchsvoll ist.

Die erste Sozialbilanz einer Universität umfaßt 155 Seiten mit zahlreichen Tabellen und einigen innovativen, interessanten Graphiken. Wir glauben jedoch, daß der Bericht universitätsintern auf Schwierigkeiten stoßen könnte, da er unter den Kapiteln „Lehrkörper" und „Wissenschaft und Forschung" Daten verlangt und vergleicht, welche bei gewissen Professoren eine defensive Haltung hervorrufen könnten.

In der Schweiz wären noch zahlreiche andere Unternehmen zu erwähnen, die sich mit dem Konzept der gesellschaftsbezogenen Berichterstattung zumindest unternehmensintern beschäftigen. Da es sich aber meist um reine interne Konzepte, im Sinne einer Standortanalyse und einer Vorbereitung auf die Einhaltung einer verbesserten Unternehmenspublizität (OECD Empfehlung) handelt, möchten wir vier typische Fallbeispiele darstellen.

4. Fallstudie I: Die gesellschaftsbezogene Berichterstattung der schweizerischen PTT

Der nachfolgende Beitrag über die gesellschaftsbezogene Berichterstattung bei der schweizerische PTT wurde vom Leiter der Unternehmensplanung der PTT, Max Arnet (Gesamtbericht), und Jürg Bucher(Wertschöpfungsrechnung) speziell für dieses Buch verfaßt. Wir möchten darauf hinweisen, daß es sich um eine Erstveröffentlichung handelt, da die PTT bisher nie offiziell über ihre unternehmenspolitische Konzeption im Bereich der gesellschaftsbezogenen Berichterstattung berichtet hat.

Im einzelnen geht es dabei um eine integrierte Methode, welche auch für andere Großunternehmen wegweisend sein könnte. Die PTT ist in der Schweiz der größte Arbeitgeber und wird nach den Prinzipien der Privatwirtschaft geführt, obwohl es sich um einen Betrieb des Bundes handelt. Als „bundeseigenes Profitcentre" wirft das Unternehmen PTT alljährlich einen Gewinn ab, der zum Teil in die Bundeskasse fließt. Zudem trägt die PTT als Auftraggeber für zahlreiche Branchen viel zum allgemeinen Wohlstand der Schweiz bei.

a) PTT als öffentliches Unternehmen

Als öffentliches Unternehmen ist die schweizerische PTT auf „Offenheit" ausgerichtet. Das geht aus den gesetzlichen Bestimmungen hervor und zeigt sich in der jährlichen Rechenschaftslegung in Geschäftsbericht und Jahresrechnung, die von der Regierung dem Parlament vorgelegt werden. Von einer gesellschaftsbezogenen Berichterstattung zu sprechen, wäre jedoch verfehlt, hätte die PTT nicht schon seit vielen Jahren aus eigener Anschauung Instrumente und Informationen bereitgestellt, die weit über die gesetzlichen Vorschriften hinausgehen. Unternehmenspolitik, Unternehmensplanung und -strategie, Wertschöpfungsrechnung und volkswirtschaftliche Analysen sind einige Beispiele hierfür. Es wurden durch sie wesentlich das Selbstverständnis des Unternehmens und die Beziehungen zur Umwelt gefördert.

Als es nun darum ging, unter dem Begriff der gesellschaftsbezogenen Berichterstattung oder Rechenschaftslegung einen Überblick zu gewinnen und für die PTT ein Konzept zu entwickeln, durften wir mit einiger Überraschung aber auch Genugtuung feststellen, daß keine Neukonzeption notwendig war und daß die noch vorhandenen Lücken schrittweise geschlossen werden konnten.

b) Unternehmenspolitik

Anfang der siebziger Jahre unternahm die PTT als Wagnis, den „Freiraum" ihres Tätigkeits- und Verhaltensfeldes abzustecken und in einer schriftlich festgelegten und allgemein zugänglichen Unternehmenspolitik zu verankern. Die in der Folge weiter entwickelten Grundgedanken bilden heute die *unternehmenspolitischen Grundsätze und Richtlinien der PTT*. Sie umfassen neben einem knappen Leitbild (vgl. Bild 37) die Bereiche Dienstleistung, Führung, Organisation, Information, Personal, Finanzen sowie Forschung und Entwicklung.

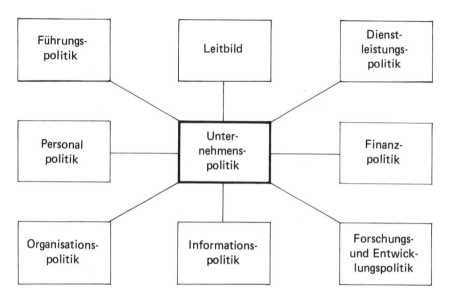

Bild 37: Die unternehmenspolitischen Bereiche der PTT

c) *Leitbild der PTT*

Die PTT als öffentliches Dienstleistungsunternehmen setzt sich im Rahmen von Verfassung und Gesetz als *oberste Unternehmensziele*:

○ der Öffentlichkeit leistungsfähige Post- und Fernmeldedienste anzubieten
○ ihre Leistungen in guter Qualität, wirtschaftlich und zu angemessenen, gesamt wenigstens kostendeckenden Preisen zu erbringen
○ sich durch zuverlässiges, dienstbereites und höfliches Verhalten ihrer Mitarbeiter auszuzeichnen
○ ihren Ruf als erstrebenswerter Arbeitgeber, bei dem sinnvolle Arbeit unter günstigen Bedingungen geleistet wird, zu fördern.

Die Grundsätze und Richtlinien sind nicht als starre Vorschriften aufzufassen. Sie bilden vielmehr eine Leitlinie und sind daher auch kein Rezeptbuch, das für jede Entscheidungssituation eine Antwort bereithält. Mit den Zielsetzungen werden erstrebenswerte Zustände vorgegeben, an denen sich die Mitarbeiter gemeinsam ausrichten sollen. Die überwiegende Mehrheit der Aussagen besteht aus Verhaltensnormen für den geschäftlichen Alltag, unter anderem

o für die Beziehungen zwischen dem Unternehmen und seinen Mitarbeitern,
o für die Zusammenarbeit der Mitarbeiter,
o für die Kontakte zwischen dem Unternehmen und seinen Kunden sowie
o für den Verkehr zwischen Dienststellen.

In sämtlichen Führungsseminaren erläutert und gesprochen, sind die unternehmenspolitischen Grundsätze und Richtlinien heute in großem Umfang Allgemeingut der Führungskräfte aller Stufen geworden. Auch die Öffentlichkeit hat in gezielter Weise Kenntnis vom „PTT-Grundgesetz" erhalten. Erst kürzlich wurde die Konsultative PTT-Konferenz, das offizielle Beratungsorgan in allen wichtigen, die PTT-Kunden betreffenden Fragen (Dienstleistungspolitik, Tarifpolitik) darüber informiert.

In Vorträgen oder schriftlichen Berichten werden immer wieder einzelne Grundsätze zur Darlegung und Begründung einer bestimmten PTT-Haltung herangezogen. Nach mehrjähriger Erfahrung stellt sich heute die Frage einer Überarbeitung und Anpassung der Unternehmenspolitik. Besonders die Arbeiten am Kommunikationsleitbild haben neue Erkenntnisse gebracht, welche bisherige Aussagen verändern.

d) Unternehmensstrategien

Ein hervorragendes Instrument, die Beziehungen zu Wirtschaft und Gesellschaft langfristig und harmonisch zu gestalten, ist eine offengelegte Unternehmensstrategie. Die grundlegenden und langfristigen Absichten (Ziele) und Strategien werden in den Unternehmen unter verschiedenen Titeln zusammengefaßt; auf ihre Erörterung soll hier verzichtet werden. Was interessiert, ist die Tatsache, daß die PTT seit einiger Zeit über ein solches strategisches Instrument verfügt. Es nennt sich *Kommunikationsleitbild* der PTT und soll in seinem Werdegang und seinem Inhalt kurz dargestellt werden (Bild 38).

Ausgangspunkt der Erarbeitung von Unternehmensstrategien auf dem Haupttätigkeitsgebiet der PTT, der Kommunikation, war im Jahre 1978 eine Standortbestimmung der Geschäftsleitung zur Frage der Entwicklung und Nutzung künftiger Kommunikationsformen. Es wurde erkannt, daß nur eine umfassende und interdisziplinäre Gesamtschau jene Grundlage bereitstellen kann, die als Leitlinie das unternehmerische Handeln im Bereiche der Kommunikation bestimmt.

„— die zukünftige Entwicklung der Kommunikation und ihre Nutzungsmöglichkeiten zu untersuchen und zu beurteilen;
— unter Berücksichtigung von technischen, markt- und gesellschaftspolitischen wie auch betrieblich-strukturellen Aspekten ein Kommunikationsleitbild für die PTT-Betriebe zu erarbeiten."

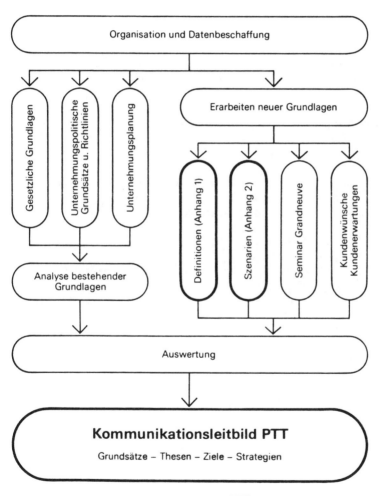

Bild 38: Das Kommunikationsleitbild der PTT

In folgenden Teilschritten wurde das Leitbild erarbeitet und ausdiskutiert:

(1) Als Erstes wurden Grundlagen zusammengetragen, Dokumente ausgewertet und ein Vorgehenskonzept entwickelt. Mit den Aufträgen an Wissenschafter zur *Formulierung von Szenarien* über
- Massenkommunikation in der Schweiz
- Schweizerische kommerzielle Kommunikation im Jahre 2000
- Gesellschafspolitische Aspekte des Telefon-Bildschirmtextes sowie
- Gesellschaftspolitische Aspekte der neuen Medien

fand die erste Etappe ihren Abschluß.

(2) In der zweiten und arbeitsintensivsten Etappe wurden aus einem Sammelkorb von Problemen und Perspektiven für die Bereiche Gesellschaft, Markt, Technik und Betrieb in knapper Form, von Thesen ausgehend, Ziele und Strategien formuliert. Aus den Ergebnissen wurden schließlich zehn Grundsätze gefunden:

- Die PTT ist dem *Gemeinwohl* verpflichtet.
- Die PTT stellt die Versorgung des ganzen Landes mit einwandfreien Post- und Fernmeldeleistungen zu gleichen Bedingungen und auf wirtschaftliche Weise sicher.
- Die PTT erbringt ihre Leistungen auf der Basis des gesetzlichen Auftrages.
- Die PTT bewahrt ihre organisatorische und wirtschaftliche Einheit.
- Die PTT befaßt sich im Kommunikationsbereich mit der Übermittlung von Information und nicht mit Inhalten.
- Die PTT behält die öffentlichen Netzwerke für die Übermittlung von Information in ihrer Verantwortung.
- Die PTT stellt den freien Zugang zu allen von ihr angebotenen Kommunikationsmöglichkeiten sicher.
- Die PTT gewährleistet in ihrem Aufgabenbereich den Persönlichkeitsschutz.
- Die PTT betreibt eine fortschrittliche und soziale Personalpolitik.
- Die PTT ist sich bewußt, daß nicht alles, was technisch möglich und wirtschaftlich tragbar ist, auch gesellschaftlich erwünscht ist und beurteilt daher die Entwicklung im Kommunikationsbereich ganzheitlich.

(3) Die dritte Etappe schließlich war der Diskussion, Überarbeitung und Entscheidung des Werkes gewidmet. Sie dauerte mehr als ein Jahr. Zu diesem Abschnitt gehörte thematisch auch das mit einer ausgewählten Öffentlichkeit durchgeführte Seminar, zwischen der ersten und zweiten Etappe, das eine gesellschaftspolitische Auswertung der Grundlagen, insbesondere der Szenarien zum Ziele hatte. Das zweite Seminar am Ende der Arbeit, ungefähr mit den gleichen Leuten, bildete die konsequente Folge und den erfolgreichen Abschluß.

In eigener Sache das Kommunikationsleitbild und seine Wirkungen auf die

Umwelt zu beurteilen, fällt etwas schwer. Sicher ist, daß der in seiner Art erstmalige Einbezug gesellschaftspolitischer Kriterien und Überlegungen in die Unternehmensstrategien ein Wagnis und auch nicht unbestritten war. Zugleich ergaben sich hieraus aber zahlreiche Anregungen und Erweiterungen des unternehmerischen Gesichtsfeldes, die sich in der Zukunft nur günstig auf das Umweltklima auswirken können. Das Wagnis hat sich bestimmt gelohnt. Es stellt sich aber gleich die Frage nach der Fortsetzung und Wiederholung der Arbeiten. Vorgesehen ist, das bestehende System der (weitgehend operativen) Unternehmensplanung mit dem Instrument der strategischen Planung zu ergänzen, die Unternehmensstrategien periodisch zu überprüfen und wenn notwendig anzupassen.

e) Wertschöpfungsrechnung

Die Wertschöpfung der PTT besteht aus den postalischen Dienstleistungen:

— der Übermittlung von Information und Geldwerten durch die Post oder den Fernmeldedienst,
— dem Transport von Gütern (Pakete) und Personen (Reisepost) sowie
— der Sicherstellung der Verbreitung von Radio- und Fernsehprogrammen.

Mit der Wertschöpfungsrechnung wird vor allem der Beitrag der PTT zum Bruttoinlandprodukt und dessen Entwicklung ermittelt sowie die finanzielle Verflechtung der PTT mit ihrer Umwelt dargestellt.

Grundlage der Wertschöpfungsrechnung bei den PTT-Betrieben bildet die Erfolgsrechnung. Durch Umgruppierungen und Abgrenzungen werden die Daten dazu ermittelt. Damit wird ein vollständiger Bezug zu den in den Botschaften des Bundesrates an das Parlament zur Finanzrechnung der PTT veröffentlichten Zahlen hergestellt und die Wertschöpfungsrechnung im Rechnungswesen verankert. Sie schließt somit im Gegensatz zur Leistungs- und Kostenrechnung sämtliche unternehmerische Tätigkeiten mit ein.

Die Unternehmensleistung oder der Bruttoproduktionswert setzt sich zusammen aus dem wertmäßigen Umsatz (Post- und Fernmeldeerträge, Lieferungen und Leistungen für Dritte) sowie den übrigen Erträgen (Kapital-, Miet- und Pachtzins, außerordentliche Erträge).

Durch Abzug der Vorleistungen (Betriebsmaterial, Dienstleistungen, Energie, Miete) wird die Bruttowertschöpfung ermittelt. Zur Berechnung der Nettowertschöpfung werden schließlich die Rückstellungen und die Abschreibungen abgezogen. Die zweckgebundenen Rückstellungen für die Selbstversicherung stellen gewissermaßen einen Ersatz für die wegfallenden Prämienzahlungen dar. Die Abschreibungen gelten frühere Vorleistungen ab und sind zur Substanzerhaltung des Unternehmens notwendig; sie werden deshalb bereits vor der Verteilungsrechnung verrechnet.

Wertschöpfungsentstehung	Beispiel 1981 Mio Fr.	
Umsatz	5617	
Übrige Erträge	304	
Unternehmensleistung	5921	
— Vorleistungen (Betriebsmaterial, Dienstleistungen, Energie, Miete)	1277	
Bruttowertschöpfung	4644	
— Abschreibungen	1473	
— Rückstellungen	40	
Abschreibungen und Rückstellungen		1513
Nettowertschöpfung	3113	= 100 %

Verteilung der Nettowertschöpfung	Mio Fr.	%
an Mitarbeiter	2747	87,8
an Kapitalgeber	48	1,5
an öffentliche Hand	3	0,1
an Bundeskasse (Gewinnablieferung)	200	6,4
an Unternehmen (Reserven)	133	4,2
Anteil am schweizerischen Bruttoinlandprodukt		2,5

Ausgehend vom Bedürfnis, die Stellung der PTT innerhalb der schweizerischen Volkswirtschaft quantitativ genauer zu erfassen, wurde erstmals mit der Veröffentlichung der Finanzrechnung 1976 der Anteil der PTT-Wertschöpfung am Bruttoinlandprodukt dargestellt. Es folgten 1977 die Veröffentlichung der Brutto- und 1980 der Nettowertschöpfung. Die Berechnungen basierten im wesentlichen auf der volkswirtschaftlichen Gliederung von Ausgaben und Einnahmen. Um einen klaren Bezug zum Rechnungswesen und zu den veröffentlichten Daten zu erreichen, erfolgte 1981 die Wertschöpfungsberechnung auf der Basis der Erfolgsrechnung. Vergleichbare Daten wurden bis zurück zum Jahr 1971 erarbeitet.

f) Laufende Berichterstattung

Von nicht zu unterschätzender Bedeutung sind in der Praxis der gesellschaftsbezogenen Berichterstattung der schweizerischen PTT die in loser Form durchgeführten und veröffentlichten Analysen über die Beziehungen zur Umwelt, zumeist nach wirtschaftlichen Gesichtspunkten. Seit einigen Jahren finden diese Berichte im Geschäftsbericht einen festen und beachteten Platz. Unter anderem sind zu erwähnen:

○ *Stellung und Bedeutung der PTT in der schweizerischen Volkswirtschaft:* Ausgehend von den verfassungs- und gesetzesmäßigen Bestimmungen über die Aufgaben der PTT werden die wirtschaftliche und soziale Stellung des Unternehmens dargelegt. Ein Vergleich mit den wirtschaftlichen Gesamtgrößen des Landes zeigt die vielfältigen Beziehungen und die quantitative Bedeutung auf, *die eine volkswirtschaftliche Verantwortung* begründet.

○ *PTT und Marktwirtschaft:* Nach Darlegungen der wesentlichen Unterschiede zwischen öffentlichem und privatem Unternehmen wird die Stellung der PTT innerhalb der Wirtschaftspolitik des Bundes untersucht. Auflagen aller Art schränken die unternehmerische Freiheit der PTT zwar ein; doch ist es der PTT im Verlaufe der Zeit gelungen, ihren unternehmerischen Spielraum auszudehnen und sich weitgehend marktwirtschaftlich zu verhalten. PTT und Marktwirtschaft bilden somit weder Gegensatz noch gegenseitige Einschränkung, sondern ein sinnvolles Ganzes.

○ *Die PTT im Wirtschaftskreislauf:* Anhand eines Kreislaufmodelles der Volkswirtschaft werden die Beziehungen zwischen der PTT und der Gesamtwirtschaft in den einzelnen Sektoren und Wirtschaftsstufen untersucht und dargelegt. Als besonderer Aspekt tritt das Ausmaß der Arbeitsteilung mit der übrigen Wirtschaft zu Tage.

○ *Arbeitsteilung PTT/Privatwirtschaft:* Eine vertiefte Analyse zu diesem politisch sehr aktuellen Problemkreis erbringt den Beweis, daß 40 % der Unternehmensleistung der PTT durch andere, meist private Firmen erbracht werden. Die Arbeitsteilung ist vor allem vertikaler Art, das heißt, daß die vorgelagerten Produktionsstufen der PTT-Leistung (in erster Linie die technische Infrastruktur) nicht von der PTT selbst betreut werden. „Soviel Eigenleistung wie nötig, soviel Fremdleistung wie möglich, sofern Sicherheits- und Wirtschaftlichkeitserfordernisse erfüllt sind" heißt der zentrale Grundsatz.

○ *PTT und Fremdenverkehr:* Ein wichtiger nationaler Wirtschaftszweig hängt sehr stark von guten Kommunikationsmöglichkeiten ab. Es wird die Frage untersucht, wer nun eigentlich der Nutznießer ist: die PTT oder der Fremdenverkehr. Beide Seiten sind an einer lebhaften Nachfrage nach Kommunikationsdiensten interessiert; in der Regel wird jedoch der Beitrag der PTT wegen der auf Saisonspitzen ausgerichteten Infrastruktur-Vorleistung größer sein als der Ertrag.

○ *PTT und Weltwirtschaft:* Post- und Fernmeldedienste sind eine weltweite Infrastruktur für das Funktionieren und Gedeihen von Wirtschaft und Gesellschaft. Nationale und internationale PTT-Aufgaben gehen Hand in Hand, bilden organisatorisch und technisch eine Einheit. Die Schweiz ist zudem Sitz der beiden großen, die ganze Erde umspannenden Kommunikationsorganisationen, des Weltpostvereins und des Weltfernmeldevereins. Die materielle Bedeutung des internationalen PTT-Verkehrs ist ebenfalls nicht zu unterschätzen. Rund ein Viertel aller PTT-Leistungen sind internationaler Art, die Einnahmen übersteigen eine Milliarde Franken, der Kostendeckungsgrad ist überdurchschnittlich gut.

g) Schlußbetrachtung

Der willkommene Anstoß, in einer Standortbestimmung einen Überblick über die gesellschaftsbezogene Berichterstattung der PTT zu gewinnen, wäre ungenügend, wenn zum Schluß nicht auch noch Überlegungen über die weitere Ausgestaltung angeknüpft würden. Von den bereits eingeleiteten Vorhaben abgesehen, werden keine neuen und zusätzlichen Instrumente benötigt, um dem Anspruch einer aufgeschlossenen und angemessenen Berichterstattung zu genügen. Es sind aber einige wichtige Sektoren oder Themen zu nennen, die in der bisherigen Berichterstattung zu kurz oder überhaupt nicht zu Worte kamen: Das Personalwesen mit seinen ausgebauten Beziehungen zu den Personalverbänden und den sozialen Einrichtungen aller Art; die vielen Fazetten der Umweltpolitik, von der Energie bis zum Lärm; die Beiträge der PTT zur Entwicklungspolitik, zur Regionalpolitik, u.a. Über die meisten dieser Themen sind Unterlagen vorhanden. Wie schon einleitend geschrieben, sind sie nur noch in geeigneter Weise auszuwerten und darzustellen.

5. Fallstudie II: Die öffentlichkeitsbezogene Berichterstattung der Schweizerischen Metall-Union (SMU)

Die Schweizerische Metall-Union ist einer der größten Arbeitgeberverbände im schweizerischen Metallgewerbe.

Im Frühjahr 1979 haben sich die zuständigen Verbandsorgane entschlossen, den Jahresbericht 1979 in Form einer „öffentlichkeitsbezogenen Berichterstattung" zu verfassen. Damit war die SMU auf nationaler und wohl auch auf internationaler Ebene der erste Verband, welcher einen solchen Schritt wagte.

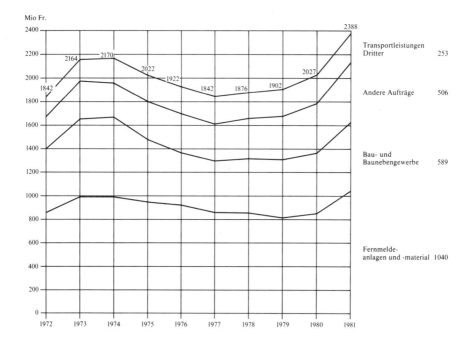

An die schweizerische Wirtschaft wurden 1981 2388 Mio oder 361 Mio Franken mehr als im Vorjahr bezahlt. Nominal beträgt die Zunahme 17,8%, real rund 12%. Die Zahlungen stiegen in allen Bereichen merklich an, allen voran diejenigen für Fernmeldeanlagen, Maschinen, Fahrzeuge und Einrichtungen sowie Bau-, Umbau- und Unterhaltsarbeiten.

Bild 39:   Auszug aus dem Geschäftsbericht 1981 der schweizerischen PTT: Zahlungen an die schweizerische Wirtschaft 1972–1981

a) Beweggründe für eine gesellschaftsbezogene Berichterstattung

Die SMU stellte fest, daß ihr Jahresbericht für Außenstehende weder informativ war, noch ansprechend wirkte. Jahresberichte herkömmlicher Art dienen ja vor allem der Erfüllung geforderter Rechenschaft der Verbandsorgane gegenüber den Verbandsmitgliedern. Sie sind demnach auf der einen Seite Geschichtsschreibung und auf der anderen Seite Darstellung der Entwicklung anhand statistischer Indikatoren aus dem engeren Tätigkeitsbereich.

Die SMU hatte zudem seit einiger Zeit nach einem Mittel gesucht, um dem gesellschaftlichen Wandel in ihrer Informationspolitik, Rechnung zu tragen. Es waren also sowohl politische Bedürfnisse als auch Informationsbedürfnisse, welche dazu beigetragen haben, daß sich die SMU entschloß, als Verband eine öffentlichkeitsbezogene Berichterstattung zu publizieren.

b) Entstehung

Die SMU hat mit voller Absicht auf die Verwendung des Begriffs „Sozialbilanz" verzichtet:

- denn dieser Begriff wird im deutschen Sprachraum mißverständlich benutzt;
- zudem ist es für eine so heterogene Organisation unmöglich, eine in allen Teilen erschöpfende Darstellung der „Wertschöpfungsverteilung" zu erstellen.

Aus diesen Gründen hat die SMU für ihren Bericht den Begriff „Öffentlichkeitsbezogene Berichterstattung" gewählt.

Die Vorgehensweise der Berichtserstellung läßt sich in drei Phasen aufteilen:

- Konzeption
- Vorarbeiten
- Erstellung

Die *Konzeptionsphase* begann im Juni 1979 im kleinen Kreise. Daran beteiligt waren nur 2 Personen aus der Direktionsabteilung. Während dieser Phase wurde vorhandenes Literatur- und Quellenmaterial über die öffentlichkeitsbezogene Berichterstattung gesichtet und die Realisierbarkeit abgeklärt. Die Konzeptionsphase wurde mit Antrag auf Genehmigung und Billigung an den Zentralvorstand des Verbandes abgeschlossen.

Die *Phase der Vorarbeiten* dauerte vom September 1979 bis Januar 1980. In einem internen Seminar wurden die an der Erstellung beteiligten Mitarbeiter der Geschäftsstelle über die Belange der öffentlichkeitsbezogenen Berichterstattung informiert und zur Mitarbeit motiviert; außerdem wurde durch die Projektleitung das Inhaltsverzeichnis festgelegt und die Verteilung der Aufgaben an die Mitarbeiter vorgenommen. In diese Phase fiel auch die Datenerhebung und -sammlung.

Die Zeit von Februar bis Mai 1980 diente der Erstellung des Berichtes, der Diskussion und Genehmigung in den zuständigen Verbandsorganen sowie der Drucklegung.

c) Inhalt

Der Jahresbericht der SMU 1979 besteht aus zwei Teilen:
○ statutarischer Jahresbericht
○ öffentlichkeitsbezogener Jahresbericht

Im folgenden soll nur noch vom zweiten Teil die Rede sein. Dieser besteht aus den folgenden Hauptkapiteln:
1. Politische Dimension
2. Wirtschaftliche Ebene
3. Verbandsebene
4. Wertschöpfungsberechnung
5. Wertschöpfungsverteilung
6. Ausblick

Das Inhaltsverzeichnis 1979 umfaßt folgende Themenkreise:

1. *Politische Dimension*
   1.1 Direkte Mitwirkung unserer Mitglieder in öffentlichen Gremien
   1.2 Der Verband als Organ für die Mitwirkung der Mitglieder im politischen Entscheidungsprozeß auf Bundesebene
   1.3 Zusammenfassung

2. *Wirtschaftliche Ebene*
   2.1 Personal
   2.2 Personalaufwand und Löhne
   2.3 Umsatz
   2.4 Sozialwerke der Schweizerischen Metall-Union
   2.5 Berufliche Ausbildung
   2.6 Unfall und Krankheit

3. *Verbandsebene*
   3.1 Dienstleistungen an Mitglieder
   3.2 Informationstätigkeit und Beziehungen zur Öffentlichkeit
   3.3 Die Internationale Metall-Union

4. *Die Wertschöpfung* der Mitgliedsfirmen der Schweizerischen Metall-Union

5. *Wertschöpfungsverteilung*

6. *Ausblick*

Bei der Erstellung des Berichtes wurde größter Wert darauf gelegt, daß alle Berichterstatter ihre Aussagen in Form von Graphiken mit gegliederten Texten vornahmen.

d) Erfahrungen

Die öffentlichkeitsbezogene Berichterstattung verlangt eine genaue Analyse der Zusammenhänge der Verbandsaktivitäten in allen Wirtschaftsbereichen und im öffentlichen Leben. Diese Arbeit hat wichtige Erkenntnisse und Impulse für die künftige Verbandsführung gebracht. Die öffentlichkeitsbezogene Berichterstattung 1979 ist daher zu einem wichtigen Planungs- und Führungsinstrument der Verbandsbehörden geworden. Sie stellt jedoch auch ein gutes Motivationsmittel für die Mitglieder dar, da sie Bedeutung und Tätigkeit des Verbandes und seiner Mitglieder klar darzustellen vermag.

Es hat sich gezeigt, daß das Interesse aller maßgebenden Kreise aus Wirtschaft, Verwaltung und Wissenschaft am öffentlichkeitsbezogenen Jahresbericht 1979 der SMU im In- und Ausland größer war als erwartet. So konnten wertvolle Kontakte geknüpft und die Arbeit der SMU und ihrer Mitglieder einer weiteren Öffentlichkeit wirkungsvoll dargelegt werden.

e) Ausblick

Aufgrund dieser Erfahrung und aus der Überzeugung heraus, daß die Öffentlichkeit über das Wirtschaftsgeschehen in den Verbänden fundiert und vorurteilslos informiert werden will, hat der Zentralvorstand der SMU beschlossen, erneut einen öffentlichkeitsbezogenen Jahresbericht zu veröffentlichen. Die Erarbeitung eines solchen Berichtes nimmt jedoch erheblich mehr personelle und finanzielle Mittel in Anspruch als die Erstellung des statutarischen Jahresberichtes. Zudem behandelt der „öffentlichkeitsbezogene Bericht" Themen und Daten, welche sich im Laufe eines Jahres meist wenig ändern. Aus diesen Gründen wird auf eine alljährliche Publikation verzichtet. 1983, also drei Jahre nach der Erstpublikation, wird die SMU ihren zweiten „öffentlichkeitsbezogenen Jahresbericht" veröffentlichen.

Ein Verband als Interessenvertreter der Mitglieder hat ein spezielles Interesse an externen gesellschaftsbezogenen Informationen. Die gesellschaftsbezogene Berichterstattung dient somit

○ der Informationspolitik im allgemeinen,
○ als Verhandlungsgrundlage,
○ als Profilierungsinstrument für die eigene Branche.

6. Fallstudie III: Der Sozialbericht der VISURA Treuhand-Gesellschaft

1981 erarbeitete die VISURA Treuhand-Gesellschaft erstmals einen öffentlichkeitsbezogenen Bericht. Für diese Arbeit wurde ein Team von Fachleuten verschiedener Fachrichtungen — wie Wirtschaftsprüfer, Unternehmensberater und eine externe Beraterin — gebildet. Diese Arbeit ist als Fallstudie ausgewählt worden, weil sie aus verschiedenen Gründen besonders interessant ist:

○ Zum erstenmal machte ein bedeutendes Unternehmen dieser im allgemeinen eher konservativen Branche den Versuch, einen öffentlichkeitsbezogenen Bericht zu erstellen.

○ Die Treuhandbranche sieht sich weder mit Umwelt- noch mit Arbeitsmarktproblemen konfrontiert. Die Erstellung eines Sozialberichtes wurde also von anderen Beweggründen bestimmt.

○ Am Projekt arbeiteten vorwiegend anerkannte Spezialisten des Rechnungswesens mit, wodurch ein optimaler Bezug zur Praxis sichergestellt war.

Die Fallstudie soll Beweggründe, Vorgehensweise und Ergebnis aufzeigen. Es werden keine theoretischen Grundsatzfragen erörtert. Ebenso soll keine Wertung der Arbeit oder deren Ergebnisse vorgenommen werden.

a) Gesellschaftsbezogene Berichte für Treuhänder (Wirtschaftsprüfer)

Wenn Daniel Bell, ein führender Vertreter der Sozialberichterstattung, ausführt: „Es hat sich im Lande herum das Gefühl verbreitet, daß unternehmerische Tätigkeit die Gesellschaft häßlicher, dreckiger, wertloser, umweltverschmutzter und schädlicher gemacht hat", so trifft dies auf ein Treuhandunternehmen wohl kaum zu. Es sind kaum negative gesellschaftliche Auswirkungen dieser Dienstleistungen auszumachen, die zu einem gesellschaftlichen Druck von Staat, Bürger oder Konsument auf diese Branche führen würden, über die gesellschaftlichen Kosten ihres Wirtschaftens zu berichten. Es kann aber nicht übersehen werden, daß die Tätigkeit dieser Branche außerordentlich eng mit der Gesellschaft verknüpft ist, denken wir nur an die Kunden, die aus allen Bevölkerungsschichten und Gruppierungen kommen. Es besteht aus gesellschaftlicher Sicht also durchaus ein Interesse, über die Auswirkungen der Tätigkeit informiert zu werden.

Die schweizerische Gesetzgebung geht nicht auf diesen Bereich der Berichterstattung ein, im Gegensatz etwa zu Frankreich. Es bleibt in jeder Hinsicht dem Unternehmen belassen, ob es neben der gesetzlich vorgeschriebenen Rechnungslegung einen Bericht über die Wahrnehmung der gesellschaftlichen Verantwortung ablegen will. Das Fehlen einer gesetzlichen Regelung läßt aber nicht etwa auf ein fehlendes soziales Verantwortungsgefühl schließen. Im Gegenteil darf auf ein schon seit langer Zeit vorhandenes ausgeprägtes Verantwortungsbewußtsein geschlossen werden. Dieses freiwillige Wahrnehmen der Verantwortung machte bisher einen gesetzlichen Zwang überflüssig. Zeichen und Ausdruck dieser Freiwilligkeit ist, daß die soziale Verantwortung wenig bewußt und systematisch, sondern ganz natürlich, fast instinktiv wahrgenommen und dementsprechend auch kaum als berichtswürdig empfunden wurde.

Daß sich gerade der Wirtschaftsprüfer und Berater über die gesellschaftlichen Auswirkungen seiner Tätigkeit Rechenschaft gibt, hat aber weniger umweltbezogene als eher interne und berufsethische Ursachen. Die Schweizerische Treuhand- und Revisionskammer hat für ihre Mitglieder seit Jahren verbindliche und recht weitgehende Normen betreffend Unabhängigkeit und Integrität aufgestellt, ganz im Bewußtsein der großen gesellschaftlichen Verantwortung, die dem Treuhänder in der Funktion des „Prüfers" vom Gesetzgeber übertragen wurde. Aber auch als Berater unterzieht sich der Treuhänder außerordentlich strengen Normen, die seinen Arbeiten in der Öffentlichkeit ein besonderes Gewicht verleihen. Andererseits hängt der Erfolg der Tätigkeit des Wirtschaftsprüfers und Beraters in hohem Maße von der Qualifikation seiner Mitarbeiter ab. Die Ziele gegenüber den Mitarbeitern erhalten dadurch eine enorme Wichtigkeit. Es liegt also auf der Hand, daß sich der Treuhänder periodisch über die Wahrnehmung der berufsethischen Verantwortung und die Erreichung der Ziele gegenüber den Mitarbeitern Rechenschaft gibt. Daß der Berater durch das erstmalige Ausarbeiten eines derartigen Berichtes einen bedeutenden Lernprozeß durchmacht, dessen Ergebnisse dem Klienten bei der Beratung allgemein und bei der Erstellung von Sozialberichten im besonderen zu Gute kommen, darf als Nebenzweck erwähnt werden.

b) Learning by doing

Natürlich hat die VISURA auch vor dem konkreten Entschluß, einen gesellschaftsbezogenen Bericht zu erstellen, ihre gesellschaftlichen und ethischen Verpflichtungen ernst genommen und ihr Verhalten strikt danach ausgerichtet. Erstmals sollte jedoch eine systematische Bestandsaufnahme aller zielgerichteten gesellschaftsbezogenen Aktivitäten erarbeitet werden. Mit dieser Arbeit wurde ein Team betraut, das autonom arbeiten und sich alle benötigten Unterlagen beschaffen konnte. Es setzte sich zusammen aus drei Wirtschaftsprüfern (Sitzleiter, Revisionsleiter, Leiter Unternehmensberatung) und dem Personal- und PR-Verantwortlichen der Firma. Beratend wurde dem Team eine externe Spezialistin für gesellschaftsbezogene Berichterstattung beigegeben. Das Team sollte eine wertungsfreie, möglichst objektive Aufnahme, frei jeglicher Tabus zu Händen der Geschäftsleitung erstellen. Diese hatte bei Vorliegen des Berichtes auch über die weitere Verwendung und Veröffentlichung zu befinden.

Das Team konnte auf eine recht umfangreiche Literatur und auf zahlreiche praktische Beispiele zurückgreifen. Es zeigte sich jedoch rasch, daß sowohl aus der Wissenschaft wie auch aus der Praxis nur wenige, und bestenfalls sehr rudimentäre, allgemein gültige Grundsätze erkennbar waren (etwa beim Bericht über die Mitarbeiter und bei der Wertschöpfungsrechnung). So mußte das Team die Regeln und Normen, nach denen es arbeiten wollte, unter Berücksichtigung der von der Geschäftsleitung vorgegebenen Zielsetzung, weitgehend selbst erarbeiten. Es wurden zuerst definiert:

(1) Berichtsgegenstand
(2) Berichtsform
(3) Zeitrahmen
(4) Zuteilung von Gebieten an Teammitglieder.

(1) Berichtsgegenstand

Die Gesamtheit der Beziehungsfelder einer Unternehmung ist sehr vielfältig. Die Beziehungen sind ungleichwertig, von verschiedener Intensität und oft kaum meßbar. Eine Beschränkung ist aus praktischen Gründen geboten. Das Arbeitsteam hielt sich an folgende Richtlinien:

○ primäre Behandlung der Gebiete, in denen meßbare Daten erarbeitet werden können,

○ sekundäre Behandlung jener Gebiete, in denen ein bewußtes unternehmerisches Handeln erkennbar ist (in Politik, Prinzipien, Grundsätzen und Zielsetzungen),

○ Beschreibung der Gebiete mit relativ hohem Beziehungsgrad, in die nur abgeleitet unternehmerisches Handeln einfließt.

Als Ausfluß dieser Auswahlrichtlinien ergab sich ein Inhaltsverzeichnis, das folgende Themen enthielt:

○ Die Anerkennung sozialer Verantwortung in Grundsätzen und Zielsetzungen

○ Die Übernahme sozialer Verantwortung in konkrete Maßnahmen wie
– freiwillige und gesetzliche Sozialleistungen
– Leistungen gegenüber Öffentlichkeit und Sozialpartnern
– Leistungen in Erfüllung berufsethischer Grundsätze
– Informationswesen im weiteren Sinn

- Der Mitarbeiter als Partner:
  - Arbeitsbedingungen
  - Mitarbeiterstruktur
  - Personalkosten
  - Aus- und Weiterbildung
- Wertschöpfungsrechnung

(2) Berichtsform

Die Schriftlichkeit des Berichts stand außer Diskussion. Ebenso galt der Grundsatz, daß alle Auswirkungen der Unternehmenstätigkeit, die irgendwie in Zahlen erfaßbar sind, so gemessen werden sollten. Erst dort, wo quantitatives Erfassen sinnlos oder nicht praktikabel erschien, wurde ein qualitativer, verbaler Maßstab angelegt. Um die Aussagekraft des Berichtes zu erhöhen, wurden durch den ganzen Bericht jedem Ergebnis die entsprechenden Ziele und Grunsätze beigefügt. Sobald die verbale, beschreibende Form der Berichterstattung gewählt wird, ist der großen Gefahr der Verflachung der Aussage zugunsten des Umfangs rigoros zu begegnen. Durch mehrmaliges Straffen ist dafür zu sorgen, daß das Volumen der Aussagequalität entpricht.

(3) Zeitrahmen

Es ist zu unterscheiden zwischen der Zeitspanne, über die berichtet wird, und dem Termin, zu dem der Bericht erstellt werden soll. Die Berichtsspanne umfaßt gewöhnlich das letzte Geschäftsjahr. Längere Zeitspannen sind, vor allem wenn es sich um den Erstbericht handelt und noch keine oder wenig zielgerichtete organisatorische Maßnahmen für die Datensammlung wirken, mit unverhältnismäßig großem Datenerhebungsaufwand verbunden.

Für die erstmalige Erarbeitung eines gesellschaftsbezogenen Berichtes ist ein recht weiter Terminrahmen zu stecken (ca. 1/2 − 1 Jahr), zumal die Daten oft von Grund auf zu erheben sind und die Teammitarbeiter in den wenigsten Fällen voll für diese Arbeit freigestellt werden können.

(4) Gebietszusteilung

Die Zuteilung von Gebieten an jedes Teammitglied hat sich als sehr vorteilhaft erwiesen, insbesondere in Bezug auf die Motivation weiterer Mitarbeiterkreise und auf den Terminrahmen. Einer klar definierten Zielsetzung, der Koordination der Arbeit, Absprache und Berichtsbereinigung kommt bei dieser Vorgehensweise erhöhte Bedeutung zu.

c) Präsentier- oder Spiegelbild

Entsprechend den Zielsetzungen der Geschäftsleitung und gemäß der Überzeugung der Arbeitsgruppe, daß der Bericht in erster Linie ein Führungshilfsmittel sein soll, entstand ein unverfälschtes Spiegelbild der Wahrnehmung sozialer Verantwortung durch das Unternehmen. Der trotz mehrmaliger redaktioneller Straffung recht umfangreiche Bericht ist über weite Strecken eine vergleichende Gegenüberstellung ausdrücklicher oder ableitbarer Zielsetzung mit dem Ergebnis oder den Folgen der unternehmerischen Tätigkeit im gesellschaftlichen Bereich. Andererseits zeigt der Bericht, daß oftmals gerade in quantifizierbaren Bereichen wie „Wertschöpfung" oder „Mitarbeiter" keine formulierten Ziele bestehen.

Ein derart offener gesellschaftsbezogener Bericht eignet sich zweifellos nicht zur Veröffentlichung. Dies schließt aber nicht aus, daß Abschnitte oder einzelne Erkenntnisse den Mitarbeitern oder später einem weiteren Kreis mitgeteilt werden. Die Information der Mitarbeiter ist umso mehr geboten, als verschiedene von ihnen beim Berichterstellen in irgendeiner Form mitgeholfen haben (und sei es letztlich nur beim Schreiben) und nachdem ja von den Mitarbeitern zunehmend erwartet wird, daß sie am Unternehmensgeschehen aktiv mitdenken.

Ebenso wie für die Erstellung eines gesellschaftsbezogenen Berichtes kaum Normen bestehen und sich die ausarbeitende Gruppe solche Normen quasi selbst auferlegen muß, ist die Interpretation des Berichtes schwierig und unterliegt vielen Subjektivitäten. Wenn in den meßbaren Bereichen solche Normen, z.B. über Berechnungsgrößen und Berechnungsart, aufgestellt werden können, ist dies im beschreibenden Bereich noch mehr eine Wertungsfrage, der bei allem Bemühen um Objektivität mit einem Subjektivitätsmakel behaftet ist. Es ist daher dringend geboten, daß die Arbeitsgruppe die Berichtsergebnisse nicht nur schriftlich erläutert, sondern dem Auftraggeber auch mündlich detailliert auseinandersetzt. Ebenso dringend ist eine verantwortungsbewußte Wahl und verständliche Kommentierung jener Teile, die den Mitarbeitern oder weiteren Kreisen veröffentlicht werden.

Für die Unternehmensführung ist ein seriös erstellter Sozialbericht zweifellos ein sehr geeignetes Meß- und Führungsinstrument, wenn sie gewillt ist, die gegesellschaftliche Verantwortung nicht nur instinktiv, sondern ökonomisch wahrzunehmen. Für Mitarbeiter und Umwelt ist das Wissen, daß sich ein Unternehmen zu den Auswirkungen seines Wirtschaftens bekennt und sich über Formen und Wirkungen der Verantwortungswahrnehmung Rechenschaft gibt, vertrauensfördernd und motivierend.

III. Das Erstellen einer gesellschaftsbezogenen Berichterstattung aufgrund eines internen Konzepts: Wie werden Sozialbilanzen erstellt?

Wir möchten nochmals betonen, daß wir — nicht nur in der Schweiz — vor allem das Interesse an der gesellschaftsbezogenen Berichterstattung im Sinne eines Führungsinstrumentes sehen. Sie soll vor allem der zielorientierten Unternehmensführung für interne Zwecke dienen. Sie ist also

- kein PR-Instrument im Sinne eines „Window-dressing",
- kein Mittel, das in einem gewissen Sinne die etablierten Verhandlungswege der Sozialpartner ersetzen kann oder soll,
- kein kompliziertes „Zahlenwerk", das den Unternehmen einen unrentablen Arbeitsaufwand aufbürdet.

Unter Berücksichtigung des Aufwand-Nutzen-Verhältnisses kann damit ein Unternehmensführungs-Instrument entwickelt werden, das dem Unternehmen für das „Umweltverständnis" dient. Wir haben bereits darauf hingewiesen, daß die Sozialbilanz einen Lern- und Integrationsprozeß für die Gruppe darstellt, welche sie erarbeitet.

1. Praktisches Vorgehen

Das Konzept für die Erstellung beginnt mit der Überlegung, mit welchen Gesellschaftsgruppen das Unternehmen ständig in Berührung kommt, welche Ansprüche diese Gruppen an das Unternehmen stellen und wie diese oft divergierenden Ansprüche in wirtschaftlich vernünftiger Weise zum Ausdruck gebracht werden können.

a) Das Leitbild als Grundlage für das Basiskonzept

Das Grundkonzept sollte klar vom Unternehmensleitbild abgeleitet werden, da ja das Leitbild auch die qualitativen Kriterien der Unternehmenspolitik festlegen sollte. Ist ein Leitbild noch nicht vorhanden, dient die Erarbeitung der Basiskonzeption zugleich der Festlegung des Unternehmensleitbildes.

Wir möchten diesen Aspekt besonders hervorheben, da das Leitbild ein Instrument der Unternehmensführung ist. Zudem leiden die meisten Unternehmensleitbilder unter einer zu starken Abstraktion bzw. elitären Formulierung. Für den durchschnittlichen Mitarbeiter, ja für alle diejenigen, welche den Erstellungsprozeß des Leitbildes nicht miterlebt haben, ist dieses unverständlich. Vergessen wir nicht, daß das Leitbild zumeist das Resultat einer intensiven Gruppenarbeit ist und ein Destillat zahlreicher Überlegungen darstellt.

Damit die gesellschaftsbezogene Berichterstattung nicht unter dem gleichen Phänomen leidet, ist die Integration derselben und des Leitbildes in verschiedene Unternehmesführungsbereiche wichtig. Folgende weitere konkrete Elemente lassen sich aus der Erstellung einer gesellschaftsbezogenen Unternehmenskonzeption gewinnen:

○ eine *Sozialkostenanalyse*
○ ein Mittel der *externen Information* (Sozialberichte, Sozialbilanzen, separate, zielgruppenspezifische Informationsmittel: Tonbildschauen, Broschüren, etc.)
○ ein *Aus- und Weiterbildungsinstrument*
○ ein *offensives Argumententationsmittel*

b) Beispiele gesellschaftsbezogener Leitvorstellungen

Zur praktischen Darstellung von schriftlich fixierten Leitvorstellungen aus der Schweiz geben wir nachfolgend eine Übersicht über die Leitbilder von fünf Unternehmen wieder, welche wir aus einer Untersuchung von Hunziker (1980) entnommen haben.

Die Übersicht ist in Matrix-Form zusammengestellt. Dabei ist zu beachten, daß die in der Matrix enthaltenen Zielsetzungen, Verhaltensprinzipien und Richtlinien grundsätzlich Erwartungen und Ansprüche, die von der gesellschaftlichen Umwelt an das Unternehmen gerichtet sind, betreffen. Verschiedentlich werden in den untersuchten Dokumenten jedoch auch Anforderungen des Unternehmens an bestimmte Bezugsgruppen, insbesondere Führungskräfte formuliert. Sie werden aber nicht in der Matrix aufgeführt (vgl. Bild 40).

Unternehmen / Interessenträger	CIBA-GEIGY AG	COOP (Schweiz)
1. Unternehmen	Wahrung der Selbständigkeit durch eine sich primär auf eigene Mittel abstützende Finanzierung	Wahrung der Unabhängigkeit und wirtschaftlichen Sicherheit durch eine breite und gesunde Finanzierungsbasis
	Erarbeiten eines sowohl kurz- wie langfristig für das Gedeihen des Unternehmens ausreichenden Ertrags	Angemessene Selbstfinanzierung von Erneuerung, Expansion und Diversifikation
	Ausbau der führenden Stellung in der Spezialitätenchemie	Wachstumsbemühungen (Ausbau der Marktanteile) zwecks Verbesserung der Leistungsfähigkeit zugunsten der Konsumenten
	Erschließung neuer Tätigkeitsbereiche zur Erreichung eines ausgewogenen Wachstums und zur Risikoverteilung	
	Entfaltung weltweiter Tätigkeit unter Beibehaltung des schweizerischen Charakters des Unternehmens	
	Schaffung eines leistungsfähigen, sich wandelnden Ansprüchen anpaßbaren Organisation	Schaffung einer funktionsgerechten, leistungsfähigen, kostengünstigen, flexiblen Organisationsstruktur
2. Mitarbeiter	Pflege eines „kooperativen" Führungsstils: Führen mit Zielsetzungen	Pflege eines „kooperativen" Führungsstils: Führen nach den Grundsätzen der Führung durch Zielsetzung

MIGROS (Bund)	SANDOZ AG	GEBR. SULZER AG
	Gesunde Entwicklung des Konzerns unter Wahrung der Selbständigkeit	Sicherstellung des langfristigen wirtschaftlichen Erfolgs
	Streben nach einer zumindest branchenkonformen Rentabilität und Wachstumsrate	
Streben nach ständig steigender wirtschaftlicher Leistungsfähigkeit	Möglichst Steigerung der Marktanteile in den bearbeiteten Sparten	Aufrechterhaltung der (weltweiten) Konkurrenzfähigkeit durch vorzügliche technische, den Marktbedürfnissen entsprechende Leistungen
	Schaffung klarer Regelungen für die Zuteilung von Aufgaben, Kompetenzen und Verantwortung sowie deren ständige Anpassung an neue Gegebenheiten	Abstimmung von Aufgaben, Kompetenzen und Verantwortung an jeder Stelle
Schaffung eines vorbildlichen Betriebsklimas und vorbildlicher Arbeitsbedingungen	Führen nach den Prinzipien der Führung durch Ziele, der partizipativen Führung und des Management by Exception	Pflege eines „kooperativen" Führungsstils: Führen mit Zielsetzungen

Unternehmen / Interessenträger	CIBA-GEIGY AG	COOP (Schweiz)
2. Mitarbeiter	Berücksichtigung von Interessen, Kenntnissen und Fähigkeiten bei der Übertragung von Aufgaben	Entfaltung der Persönlichkeit ermöglichen
	Entlohnung gemäß Funktion, Leistung und Erfahrung	Leistungerechte Entlohnung
	Anerkennung der sozialen Verantwortung gegenüber dem Mitarbeiter	Förderung der sozialen Sicherheit
	Förderung der Aus- und Weiterbildung	Förderung der Aus- und Weiterbildung
	Wahrung der Chancengleichheit für alle	
	Internationale Zusammensetzung des oberen Kaders im ganzen Konzern	
	Information über die Unternehmenstätigkeit	
	Gewährleistung der Sicherheit am Arbeitsplatz	

MIGROS (Bund)	SANDOZ AG	GEBR. SULZER AG
		Schaffung und Sicherung von Arbeitsplätzen und Aufgaben, die den Mitarbeitern eine Entfaltung als Mensch und Persönlichkeit erlauben
Entlohnung, die der Aufgabe, der sozialen Situation und der Leistung entspricht	Anforderungs- und leistungsgerechte Entlohnung	Fortschrittliche und leistungsgerechte Entlohnung
	Gewährung fortschrittlicher Sozialleistungen	
Dem Einzelnen optimale Entwicklung seiner Fähigkeiten ermöglichen durch Aus- und Weiterbildung	Förderung der Aus- und Weiterbildung	Förderung der Weiterbildung
	Gleiche Aufstiegschancen für jedermann aufgrund seiner sachlichen Eignung, Führungsfähigkeiten und Leistungen	„Recht" des Mitarbeiters auf Anerkennung und Kritik
	Besetzen der Kaderstellen aus den eigenen Reihen	
	Regelmäßige und eingehende Information über den Geschäftsverlauf	Information über Vorgänge und Absichten des Unternehmens

Interessenträger \ Unternehmen	CIBA-GEIGY AG	COOP (Schweiz)
2. Mitarbeiter	Respektierung der Privatsphäre	
3. Anteilseigner	Offerieren einer langfristig interessanten Geldanlage Information über die Unternehmenstätigkeit	
4. Fremdkapitalgeber		

MIGROS (Bund)	SANDOZ AG	GEBR. SULZER AG
Gewährleistung der menschlichen Gleichstellung aller Mitarbeiter	Faire Behandlung aller Mitarbeiter	
Gewährung einer funktionalen, materiellen und sozialen Partizipation	Abgabe von Mitarbeiteraktien	
	Mitsprache und Mitbestimmung in den Bereichen Personal- und Sozialwesen	
	Anerkennung und Förderung innerbetrieblicher Personalorganisationen	
	Stabile, trendmäßig steigende Dividendenausschüttung	Sicherstellung eines angemessenen Ertrags für das Risikokapital
	Gewährung günstiger Bezugsrechte	
Laufende Information	Regelmäßige und eingehende Information über den Geschäftsverlauf	
Ermöglichung der statutarisch festgelegten Mitwirkung	Abgabe von Namensaktien nur an Personen schweizerischer Nationalität	
Ausbau der Rechte der Genossenschafter		

Interessenträger \ Unternehmen	CIBA-GEIGY AG	COOP (Schweiz)
5. Konkurrenten	Anerkennung des Leistungswettbewerbs	Unterstützung eines fairen und transparenten Wettbewerbs
6. Kunden		Möglichst viel zur Lebensqualität der Konsumenten beitragen Bereitstellen von Marktleistungen, die den Bedürf- und Wünschen der Konsumenten entsprechen Anwendung einer konsumentenfreundlichen Preispolitik Sachliche und offene Informationen über Preise, Eigenschaften und Verwendung von Waren bzw. Dienstleistungen
7. Lieferanten		

MIGROS (Bund)	SANDOZ AG	GEBR. SULZER AG
Anerkennung des Leistungswettbewerbs Fairer Partner für privatwirtschaftliche und genossenschaftliche Konkurrenz		
Angestrebt wird eine überdurchschnittlich gute Befriedigung der Verbraucherbedürfnisse mit preisgünstigen Qualitätsprodukten und hochwertigen Dienstleistungen	Zuverlässige Belieferung mit qualitativ einwandfreien, den Marktbedürfnissen entsprechenden Produkten	Lieferung von marktgerechten Leistungen, die bezüglich Qualität und Wirtschaftlichkeit einen optimalen Gegenwert bieten
Schaffung von Qualitätsnormen, die im allgemeinen die gesetzlichen Vorschriften übertreffen Verzicht auf das Angebot schädlicher Produkte Offene und ehrliche Informationen	Informationen und Beratung bei Problemen der Produktanwendung	
Förderung insbesondere von Klein- und Mittelbetrieben (im Rahmen der Einkaufspolitik)		Anspruchsvolle und faire Beschaffungspolitik soll Lieferanten Möglichkeit für eigenen Geschäftserfolg geben

Unternehmen / Interessenträger	CIBA-GEIGY AG	COOP (Schweiz)
7. Lieferanten		
8. organisierte Interessengruppen		Unterstützung von Institutionen, die sich loyal für Konsumentenbelange einsetzen
9. Staat/Behörden	Streben nach guter Zusammenarbeit mit den Behörden	Beteiligung an der politischen Entscheidungsfindung Mitarbeit an wirtschaftlichen, sozialen und ökologischen Problemlösungen im Rahmen der eigenen Möglichkeiten
10. Nachbarn/ natürliche Umwelt	Beachtung der begrenzten Verfügbarkeit von Boden, Wasser und Luft Aktive, auch ohne behördliche Auflagen erfolgende Beiträge zum Umweltschutz	Mitarbeit bei der Lösung ökologischer Probleme

MIGROS (Bund)	SANDOZ AG	GEBR. SULZER AG
Lieferanten sind zur Gewährung vorbildlicher Löhne und Sozialleistungen anzuhalten Verzicht auf übermässige Ausnutzung der Marktstellung		
Beratung privater Organisationen in Umweltschutzfragen		
Zurückhaltung in der Zusammenarbeit mit den Gewerkschaften	Loyale Zusammenarbeit mit ausserbetrieblichen Arbeitnehmerorganisationen Teilnahme an der Arbeit der Wirtschaftsverbände	
Beratung der Behörden in Umweltschutzfragen Unterstützung des Gemeinwesens in seinen Bemühungen um das Gemeinwohl	Übernahme öffentlicher Ämter durch die Mitarbeiter wird unterstützt	Unterstützung bei der Lösung wirtschaftlicher, sozialer und kultureller Probleme
Schonung der natürlichen Ressourcen (evtl. über die behördlichen Vorschriften hinaus) Anstrengungen zum Energiesparen		Einsparung von Energie und Rohstoffen Schutz der Umgebung vor Immissionen

Unternehmen Interessenträger	CIBA-GEIGY AG	COOP (Schweiz)
10. Nachbarn/ natürliche Umwelt	Umweltgerechte Fabrikation umweltfreundlicher Produkte	
11. Öffentlichkeit/ Gesamtgesellschaft	Verhalten als verantwortungsbewußtes Glied der Gesellschaft	Erhaltung und Entwicklung unserer liberalen und sozialen Gesellschaftsordnung
	Information der Öffentlichkeit über die Tätigkeit des Unternehmens	Anerkennung des Informationsbedürfnisses der Öffentlichkeit
	Respektierung der besonderen Verhältnisse in Entwicklungsländern (gesteigerte Risikobereitschaft)	

Bild 40: Unternehmenspolitische Leitbilder (entnommen aus Hunziker 1980)

MIGROS (Bund)	SANDOZ AG	GEBR. SULZER AG
Geringhaltung von Schadstoffimmissionen und Abfällen		
Bejahung einer demokratischen, rechtsstaatlichen und föderalistischen Ordnung Einstehen für eine dezentrale, freie Marktwirtschaft und Bekämpfung ihrer Auswüchse Unterstützung des kulturellen Angebots und Bereitstellung von Ausbildungsmöglichkeiten Sachgerechte Information des Staatsbürgers	Regelmäßige und eingehende Information über den Geschäftsverlauf sowie Pflege der wechselseitigen Beziehungen	Unterstützung des Gemeinwesens, innerhalb dessen man aktiv ist

Für diese Zusammenstellung dienten die folgenden Dokumente:

Unternehmen	Dokumente
CIBA-GEIGY AG	Unternehmensgrundsätze Richtlinien für die Führung und Zusammenarbeit
COOP (Schweiz)	Leitbild und Unternehmenspolitik der COOP-Gruppe (Auszüge)
MIGROS (Bund)	Sozialbilanz
SANDOZ AG	Führungskonzpet Sozialleistungen (interne Richtlinien) Ämter: Statut für Mitarbeiter in öffentlichen Ämtern
Gebr. SULZER AG	Führung im Sulzer-Konzern Werk Umweltschutz und Energieeinsparung

c) Ausarbeitung eines Grundkonzeptes durch ein internes Team

Wie wir am Beispiel der PTT gesehen haben, ist es wesentlich, daß bei der Konzeption mehrere Unternehmensbereiche zusammenarbeiten, um ein praxisbezogenes Konzept zu erhalten. Die Entscheidung, wem die Federführung übertragen werden soll, hängt von den jeweiligen organisatorischen und personellen Gegebenheiten ab und kann daher nur projektbezogen getroffen werden. Wichtig ist, eine fachliche Isolation zu vermeiden und die Vorstellungen aller Beteiligten zu berücksichtigen. Dabei ist grundsätzlich zwischen der Phase der erstmaligen Erarbeitung und der Phase der späteren Wiederholung zu unterscheiden, bei der man bereits auf gewisse Resultate zurückgreifen kann.

Der Inhalt des internen Berichtes (vgl. das Beispiel der Universität Genf) soll möglichst umfassend alle sozioökonomischen Bereiche behandeln, die für die Unternehmenspolitik Bedeutung haben. Er liefert in diesem Sinne die Basis für die zukunftsorientierte gesellschaftsbezogene Unternehmensführung. Die zahlreichen Abbildungen dieses Buches liefern u.E. genügend Beispiele, so daß wir auf eine nähere Behandlung der inhaltlichen Konzeption verzichten.

d) Vorgehen und Experimente des Projektteams

Das Vorgehen des Arbeitsteams während der Projektphase ergibt sich aus dem nachfolgend dargestellten Rahmenablaufplan (Senarclens 1981 in Anlehnung an den Bundesverband der Deutschen Arbeitgeberverbände 1975). Dieses Vorgehen hat sich als praktikabel erwiesen. Wir empfehlen jedoch allen Unternehmen oder Organisationen, die sich für die gesellschaftsbezogene Berichterstattung entscheiden, sehr rasch die Themenbereiche abzustecken und den Zeitraum festzulegen, innerhalb dessen sie den Bericht erarbeiten wollen, um nichts ins „Uferlose" abzugleiten. Die meisten ersten Experimente beweisen, daß dieses angesichts der Weite des gesellschaftspolitischen Umfeldes das größte Risiko darstellen kann.

Ausgehend vom Leitbild erarbeitet die Gruppe das Unternehmenskonzept.

Die Arbeitsgruppen bestehen aus vier bis fünf Mitarbeitern auf oberer Führungsstufe und aus verschiedenen Linienfunktionen. Ein Mitarbeiter (eventuell Stabsfunktion) ist für die Projektabwicklung und Koordination verantwortlich. Ein oder zwei externe Experten haben die Basiskonzeption im Rohentwurf vorzubereiten und nehmen als externe Projektleiter am Experiment teil. Ihre Präsenz sichert eine schnelle und objektive Arbeit. Bild 42 und 43 zeigen noch im Detail die verschiedenen Etappen der Arbeit bis zur Erstellung.

Aus Bild 42 entnehmen wir die verschiedenen Schritte, die zur Erfassung des unternehmerischen Verhaltens im gesellschaftlichen Umfeld nötig sind. Es handelt sich um die folgenden 12 Etappen:

(1) Definition der Zielgruppen und der Maßnahmen

Zuerst geht es darum, die Zielgruppen zu definieren. Zu ihnen gehören Gruppen, die durch die Tätigkeit des Unternehmens direkt oder indirekt betroffen werden. In erster Linie handelt es sich um die

- Mitarbeiter
- Eigentümer
- Kreditgeber
- Lieferanten
- Abnehmer

und die Politiker und Bürger der Gemeinden und Städte, in denen die Unternehmen Standorte haben.

Die Definition der Maßnahmen und Beziehungen unterscheidet sich nach den vorhandenen Interessen. Die Auswahl derjenigen Leistungen, die erbracht wur-

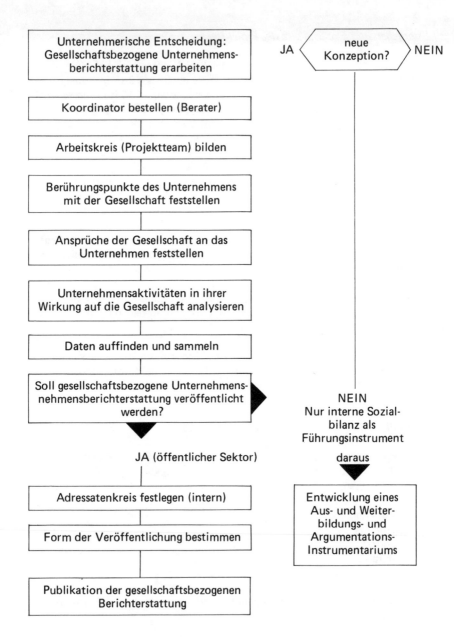

Bild 41: Rahmenablaufplan für die Projektphase

1. *Definition der Beziehungen/*Maßnahmen gegenüber den *Bezugsgruppen*
2. Stärke/Schwäche-Profil
3. Derzeitige und zukünftige Veränderungen innerhalb und außerhalb des Unternehmens
4. Einflüsse auf den Ist-Zustand
5. *Zukünftige Chancen und Risiken*
6. Sammeln von Daten/Informationen
7. Umfassendes Unternehmensverständnis (*Leitbild*)
8. Strategien

9. *Gesellschaftsbezogenes Unternehmenskonzept*
   — Frühwarnsystem
   — strategische Controlling (Goal-Accounting)

KONKRETE INSTRUMENTE: Sozialbilanz (Geschäftsbericht)
Sozialkostenanalyse

10. Ziele für jeden Unternehmens-Bereich (Produktion, Personal, Finanz- und Rechnungswesen, etc.)
11. Langfristige strategische Unternehmensziele (Goal-Accounting)
12. Koordination der verschiedenen Ziele und geplanten Maßnahmen

KONKRETE INSTRUMENTE: ○ Aus- und Weiterbildungsinstrumentarium
○ Gesellschaftspolitisches Argumentations-Instrument

Bild 42: Konzeptionelles Vorgehen zur Erfassung des unternehmerischen Verhaltens im gesellschaftlichen und wirtschaftlichen Umfeld

den und noch erbracht werden sollen und über die berichtet werden soll, geht von subjektiven Wertvorstellungen aus. Dabei ist zu berücksichtigen, daß sich nicht nur das Unternehmen, sondern auch sein Umfeld ständig wandelt. Entsprechend können sich auch die Inhalte des Konzeptes ändern.

Hier wird der qualitative Charakter der Materie deutlich.

(2) Stärke-Schwäche-Profil

Die Arbeitsgruppe wird dementsprechend ein Stärke-Schwäche-Profil (mit oder ohne externe Hilfe) ausarbeiten, welches als Basis für die zielorientierte Konzeption dient.

(3) – (5) Veränderungen, Einflüsse, Chancen- und Risiko-Analyse

Selbstverständlich wird im Team auf die verschiedenen gesellschaftlichen und wirtschaftlichen Einflüsse, die die Unternehmenspolitik betreffen, eingegangen. Auch hier wird die qualitative Komponente deutlich. Heute ist es jedoch mehr denn je wichtig, diesen Faktoren Rechnung zu tragen.

(6) Sammeln von Daten und Informationen

Für diese Arbeit empfiehlt es sich, die verschiedenen Daten und Informationen nach den „Beziehungsfeldern" zu gliedern.

(7) Das Leitbild: Umfassendes Unternehmensverständnis

Besteht das Unternehmensleitbild bereits, dienen die neuen Daten und Erkenntnisse der Überarbeitung und Integration. Andernfalls ist damit die Basis für das Leitbild geschaffen.

(8) – (9) Umfassendes Unternehmenskonzept gesellschaftsbezogener Natur

Die Gruppe kann nun konkret (wie in Bild 43 angeben) an die Redaktion des internen gesellschaftsbezogenen Berichtes und Unternehmenskonzeptes gehen. Es wird der Unternehmensführung als Frühwarnsystem und als strategisches Controlling im Sinne des Goal-Accounting dienen.

Konkrete Instrumente, die aus der Arbeit resultieren, sind die Sozialbilanz (intern und/oder extern) und die Sozialkostenanalyse; denn das Konzept entspricht dem Raster einer „Sozialbilanz" gemäß dem Ansatz des Arbeitskreises „Sozialbilanz Praxis". Die Datenerhebung erlaubt, in allen (also nicht nur im Personalsektor) Bereichen eine Kostenkontrolle aufzubauen, die in der heutigen Zeit große Bedeutung hat.

(10) — (12) Ziele (Goals) für alle Unternehmensbereiche und strategische Planung

Selbstverständlich sollte das gesellschaftsbezogene Unternehmenskonzept im Sinne einer globalen Management-Konzeption verstanden und insbesondere in der Praxis angewendet werden. Es ist heute wichtig, daß auch die Produktionsplanung, die Budgetierung, die Personalplanung den gesellschaftspolitischen Faktoren Rechnung trägt. *Das Unternehmen verliert so nicht an Konkurrenzfähigkeit, im Gegenteil: Produkte, die den Umweltbedingungen Rechnung tragen, können äußerst konkurrenzfähig sein.* Man denke an die zunehmende Beeinflussung der Konsumenten durch die Konsumentenschutz-Organisation, die Medien, die Umweltschützer etc.

Auch die Personalplanung kann überzeugender gestaltet und erklärt werden. Wir möchten besonders diese Feststellung unterstreichen. In emotionalen und irrationalen Situationen, wie wir sie heute immer öfter erleben, wird es notwendig, in Zusammenhängen und in einem Rahmen über die Hintergründe berichten zu können.

Die konkreten Instrumente, die sich ergeben, sind:
- ein Aus- und Weiterbildungsinstrumentarium für das obere und mittlere Management,
- eine Basis für eine offensive Argumentation gesellschaftspolitischer Natur.

Bild 43 zeigt den ungefähren Zeitplan für die Erstellung einer gesellschaftsbezogenen Unternehmenskonzeption bzw. Basis für eine „Sozialbilanz".

Dieser Zeitplan wurde in der Schweiz sowohl von der Schweizerischen Metall-Union als auch von der VISURA-Treuhand eingehalten. Es zeigt sich, daß mit einer gezielten Arbeitsweise und einem einfachen Konzept eine derartige Konzeption weniger aufwendig sein kann, als oft befürchtet wird.

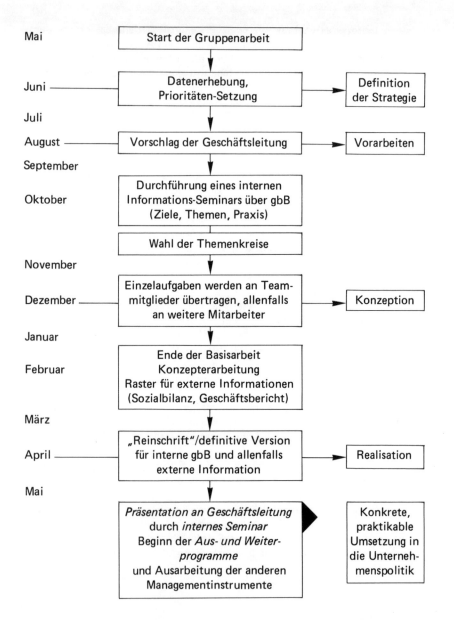

Bild 43: Zeitplan für die Erstellung einer gesellschaftsbezogenen Unternehmenskonzeption bzw. Basis für eine „Sozialbilanz" (Soziale und politische Ziele und Maßnahmen)

2. Konkrete Resultate der gesellschaftsbezogenen Berichterstattung

Wir haben in den vorangegangenen Ausführungen gesehen, welche konkreten Resultate aus der Erarbeitung des gesellschaftsbezogenen Unternehmenskonzeptes resultieren. Zusammenfassend sind in den nachfolgenden Bildern 44 und 45 die wichtigen Einzelschritte dargestellt.

Zu Bild 44:

Die Arbeitsgruppe, welche die Vorarbeiten zum Basiskonzept leistet, überarbeitet oder erstellt das Leitbild des Unternehmens (der Organisation, des Verbandes), von dem dann die Ziele der gesellschaftsbezogenen Berichterstattung abgeleitet werden können (unter Berücksichtigung der verschiedenen Schritte). Das Konzept dient der globalen Zielsetzung für die Management-Ziele und -Praxis aller Unternehmensfunktionen. Es handelt sich also um eine globale Konzeption, die sowohl von unten nach oben — durch Integration in die Aus- und Weiterbildung und in die laufende betriebsinterne Information — als auch von oben nach unten fließen sollte.

Zu Bild 45:

Bei der Erstellung und nach der Vollendung des Konzeptes verfügt das Unternehmen (die Organisation, der Verband) über interne und externe Instrumente, die für eine zukunftsgerichtete moderne Unternehmensführung fundamentale Bedeutung erlangen können.

Aus der „Gesellschaftsbezogenen Unternehmenskonzeption" lassen sich folgende konkrete Elemente gewinnen (Senarclens 1981):

Intern Lernerfahrungen	► erhält das Unternehmen eine Basis für die Aus- und Weiterbildung der Mitarbeiter auf gesellschaftspolitische Fragen und Argumente (vgl. nächstes Kapitel).
Intern und extern: Argumentarium	► liefert das Konzept eine Basis für eine *„offensive Argumentationstechnik".* Es werden ja in der Konzeption nicht nur bereits bestehende Mängel und Kritiken berücksichtigt, sondern unter Einbeziehung der gesellschaftlich/wirtschaftlichen Wandlungen auch Prozesse, die noch nicht eingetreten sind, jedoch eintreten könnten (siehe auch die „Szenarien" im Fallbeispiel I aus der Schweiz, PTT).

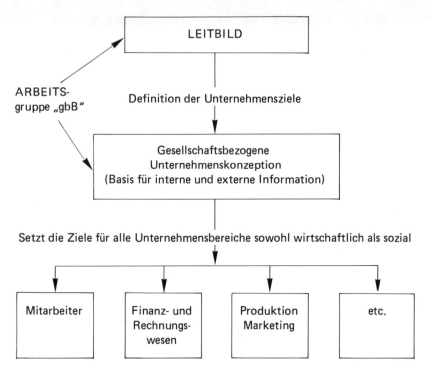

Bild 44: Die Erarbeitung des Basiskonzepts für die gesellschaftsbezogene Unternehmensführung und Berichterstattung

Intern und extern:
Sozialkosten — Analyse

➤ erhält man durch die Konzepterarbeitung eine Möglichkeit, die Kosten im Personal- und Umbereich (z.B. auch die Kosten der Öffentlichkeitsarbeit), d.h. all jener Posten der Erfolgsrechnung, auszugliedern, die sonst nie separat quantifiziert und erfaßt werden. In diesem Sinne erhält das Unternehmen ein wesentliches Element der gesellschaftsbzogenen Kostenkontrolle.
Es handelt sich hier auch um eine Möglichkeit, die Sozialbilanz, falls das Unternehmen sich zur Publiaktion entschließt, teilweise klar zu quantifizieren.
Selbstverständlich hat nach der ersten Erstellung das Unternehmen die Möglichkeit, die Daten dauernd aufzudatieren und zu überprüfen

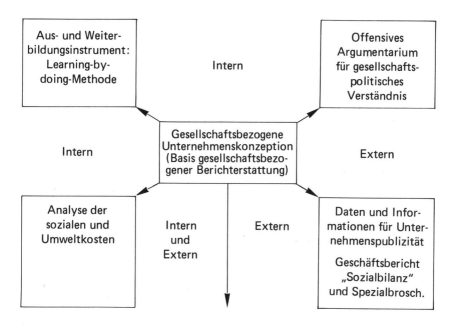

Bild 45: Unternehmensführung und -planungsinstrumente, die sich aus der gesellschaftsbezogenen Konzeption ergeben

(Controlling im Sinne des Social Audit). Wir haben dieses Vorgehen bei PTT, Nestlé und BBC (Schweiz) besprochen.

Extern:
Unternehmenspublizität ▶ liefert das Konzept das Raster für eine gesellschaftsbezogene Berichterstattung sowie für die zielgruppenspezifischen Informationsmittel (Broschüren und Studien zum Thema Umweltschutz, Energie, Konsumenten, Lieferanten, etc.).
Das Unternehmen verfügt damit über eine Basis, um den Forderungen der internationalen Gremien in Bezug auf eine bessere Unternehmenspublizität im Rahmen des Geschäftsberichtes vollauf zu genügen bzw. zuvorzukommen.

Die Bedeutung der praxisbezogenen Resultate und Instrumente, welche sich aus dem Erstellen einer gesellschaftsbezogenen Unternehmenskonzeption ergeben, sollen nicht weiter erläutert werden.

3. Interne Schulung: Beispiel für ein dreistufiges Seminarprogramm

Bei der betriebsinternen Aus- und Weiterbildung können die Mitarbeiter aufgrund der gesellschaftsbezogenen Berichterstattung in die gesellschaftspolitische Rolle des Unternehmens eingeführt werden.

Es ist selbstverständlich nicht möglich, alle Bereiche der gesellschaftsbezogenen Berichterstattung vollständig zu behandeln. Vielmehr sollten auch sie die Möglichkeit erhalten, stufenweise, im „Learning-by-doing"-Verfahren einzelne Themenkreise kennenzulernen, zu erarbeiten und so auch mitzuerleben.

Vergessen wir nicht, daß sich damit für die Unternehmen wertvolle Erkenntnisse ergeben, welche ihnen von den eigenen Führungskräften, die einige Probleme hautnaher erleben als die Führungsspitze, in einem solchen Verfahren mitgeteilt werden. Für die Mitarbeiter wird auch das „Argumentarium" wertvolle Unterstützung in der inner- und außerbetriebliche Diskussion liefern.

Ein dreistufiges Seminarprogramm könnte zum Beispiel wie folgt aussehen:

a) Zielgruppe obere Führungskräfte
- Einführung in den Themenkreis der gesellschaftspolitischen Rolle der Unternehmen und Inhalt und Ziele einer gesellschaftsbezogenen Berichterstattung
- Anwendung im Führungsbereich und praktische Auswertung (Nutzen/Erfahrungen)
- Erarbeitung eines einzelnen Kapitels (z.B. Konsumentenpolitik, Produkthaftpflicht, Qualität, Rendite versus Forderungen der Umwelt, u.a.)

b) Zielgruppe mittlere Führungskräfte
- Einführung in die gesellschaftspolitische Rolle der Unternehmen (nicht nur für den eigenen Betrieb)
- Anwendung im Arbeitsbereich der mittleren Führungskräfte (Argumentation, Erkenntnisse, u.a.)
- Erarbeitung eines einzelnen Kapitels, z.B. Absentismus, Fluktuation, was zur Analyse der Arbeitszufriedenheit und Führungsqualität dienen kann.

c) Zielgruppe Mitarbeiter generell
- Generelle Einführung in die gesellschaftspolitische Problematik
- Wandelnde Umwelt, Spannungsfelder, u.a.
- Wieso sollen wir (das Unternehmen) informieren?
- Womit können wir es tun?
- Was gibt die gbB den Mitarbeitern bekannt?
- Was nützt sie ihnen?

○ Allenfalls Erarbeitung eines Kapitels, z.B. Umweltschutz oder Wertschöpfung (jedoch auf eine sehr „anschauliche" Weise)

Selbstverständlich sollten solche Seminare nicht „einmal und nie wieder" durchgeführt werden, sondern aufgrund eines sorgfältig ausgebauten Schulungskonzeptes in das Ausbildungspaket des betreffenden Unternehmens eingebaut werden können.

Wir möchten darauf hinweisen, daß ein solches Vorgehen durchaus nicht nur für Großunternehmen gedacht ist, sondern sich ebenso für Mittelbetriebe und gewisse kleine Betriebe eignen kann.

Aus organisations- und kostentechnischen Überlegungen bestünde die Möglichkeit, einzelne Programme gemeinsam durchzuführen (Kooperation mit anderen Unternehmen, mit ähnlicher Struktur und Problematik).

Schlußbetrachtung

Die gesellschaftsbezogene Berichterstattung wird sich in der Bundesrepublik Deutschland und der Schweiz zunehmend durchsetzen. Immer mehr Unternehmen gehen dort schon heute dazu über, eine derartige Publikation zu erstellen und zu veröffentlichen. Der Kreis sozialbilanzierender Unternehmen setzt sich aus Groß- und Mittelunternehmen zusammen. Zunehmend treten jedoch auch Verbände und öffentliche Institutionen als Interessenten hinzu.

Fassen wir die wesentlichen Schlußfolgerungen dieses Buches abschließend noch einmal kurz zusammen:

- Die gesellschaftsbezogene Berichterstattung sollte positive und negative Beziehungen zwischen Unternehmen und Mitarbeitern sowie Umwelt umfassen.

- Die gesellschaftsbezogene Berichterstattung kann man nur in begrenztem Umfang in Geldgrößen aufrechnen.

- Die gesellschaftsbezogene Berichterstattung hat die Informationsbedürfnisse ihrer Ansprechpartner zu berücksichtigen.

- Die gesellschaftsbezogene Berichterstattung ist nur als Baustein eines umfassenderen, integrierten, sozialen Management-Systems anzusehen.

- Die gesellschaftsbezogene Berichterstattung muß von einer sozialverantwortlichen Philosophie innerhalb und außerhalb des Unternehmens getragen werden.

- Die gesellschaftsbezogene Berichterstattung hat unternehmensindividuelle Gegebenheiten zu umfassen.

Damit wird sich die gesellschaftsbezogene Berichterstattung (Sozialbilanz) aus der Praxis heraus weiterentwickeln. Zu ihrer Unterstützung ist die betriebswirtschaftliche Theorie verstärkt aufgerufen.

Anhang

Glossar wichtiger Begriffe der gesellschaftsbezogenen Berichterstattung

Absatzrente (Konsumentenrente)	Spanne zwischen dem Marktpreis eines Produktes und den wertmäßigen Nutzeneinschätzungen aus Sicht der Konsumenten.
Arbeitskreis Sozialbilanz-Praxis	Arbeitskreis der sog. Sozialbilanz-Pioniere BASF AG, BERTELSMANN AG, DEUTSCHE SHELL AG, PIEROTH GMBH, RANK XEROX GMBH, SAARBERGWERKE AG und STEAG AG, der 1977 ein einheitliches Sozialbilanz-Konzept aufstellte: Eine Sozialbilanz hat aus den drei Elementen Sozialbericht, Wertschöpfungsrechnung und Sozialrechnung zu bestehen.
Beschafftungsrente (Produzentenrente)	Spanne zwischen dem Marktpreis eines Produktes und den wertmäßigen Nutzeneinschätzungen aus Sicht der Produzenten.
Bruttosozialprodukt (BSP)	Statistische Größe, die das Ergebnis quantitativen Wachstums mißt, soziale Effekte jedoch völlig außer Acht läßt. Das BSP ist identisch mit der Summe aller Einkommen in einer Volkswirtschaft.
Davoser Manifest	Erster, aus dem Kreis der Unternehmen selbst aufgestellter, ethischer und moralischer Verhaltenskodex, der betriebliche Grundregeln für die Übernahme sozialer Verantwortung beinhaltet.
Geschäftsbericht	Jährliche Berichterstattung über den Geschäftsverlauf und die wirtschaftliche und soziale Lage der Gesellschaft (Lagebericht), einschließlich näherer Angaben, die dem allgemeinen Verständnis des Jahresabschlusses dienen (Erläuterungsbericht).
Gesellschaftliche Erträge	Erträge der Gesellschaft, die einem Unternehmen zufließen, ohne daß eine direkte Gegenleistung zu erbrin-

gen ist: Subventionen, Sonderabschreibungen, indirekt zugute kommende Leistungen, wie beispielsweise die Infrastruktur.

Gesellschaftsbezogene Aufwandsrechnungen

Darlegung finanzieller Aufwendungen sozialer Aktivitäten, ergänzt um verbale Kommentierungen der dadurch gestifteten sozialen Nutzen. Zusätzliche Berücksichtigungen sozialer Kosten führen zu gesellschaftsbezogenen Aufwand-Kosten-Rechnungen.

Gesellschaftsbezogene Berichterstattung (Sozialbilanz)

Teilbereich des betrieblichen Rechnungswesens, der die sozialen Kosten und die sozialen Nutzen eines Unternehmens betrifft. Allerdings handelt es sich hierbei nicht um eine „Bilanz" im engeren Sinne, d.h. um eine Gegenüberstellung von Aktiva und Passiva zu einem Stichtag; vielmehr geht es um eine Rechnungslegung externer Effekte, egal in welcher Form auch immer.

Synonyma:
— Corporate Social Accounting
— Gesellschaftsbezogenes Rechnungswesen
— Gemeinwirtschaftliche Rechnung
— Gesellschaftsbezogene Rechnungslegung
— Sozialberichterstattung

Gesellschaftsbezogene Checklisten

Fragebögen und Aktivitätenlisten sozialer Bereiche für das Erfassen der Beziehungen zwischen Unternehmen und Gesellschaft.

Goal-Accounting (Zielorientierte Sozialbilanz)

Unterstellt man, daß moderne Unternehmen mit einem voll ausgebauten Management-System einen Katalog von ökonomischen und sozialen Zielen besitzen, so liegt es nahe, gesellschaftsbezogene Leistungen eines Unternehmens daran zu messen. Ein Unternehmen verursacht soziale Kosten, wenn es seine sozialen Ziele nicht oder nur unvollständig erreicht, es stiftet hingegen dann soziale Nutzen, sobald es seinen Zielen gerecht werden kann. Erstmals eingeführt von der Deutschen Shell AG. Entspricht einem zielorientierten integralen Management-System im sozialen bzw. gesellschaftsbezogenen Bereich der Unternehmensführung.

Internalisierung	Berücksichtigung sozialer Effekte im betrieblichen Rechnungswesen und betrieblichen Entscheidungssystem.
Jahresabschluß (Externes Rechnungswesen)	Oberbegriff für die teilweise gesetzlich vorgeschriebene Erstellung jährlicher Bilanzen, Gewinn- und Verlustrechnungen sowie Geschäftsberichte.
Kader	Schweizerische Bezeichnung für Führungskräfte der mittleren und oberen Ebene.
Lebensqualität	Ausdruck für die Gesamtheit der quantitativen und qualitativen Bereiche menschlichen Wohlbefindens: Gesundheit, Bildung, Arbeitsqualität, Güter und Dienstleistungen, Umweltschutz, Sicherheit, soziale Sicherung, usw.
Ökologische Buchhaltung	Bewertung technischer Umwelteinwirkungen durch ein System betrieblicher Äquivalenzziffern, die das Gesamtergebnis technischer Externalitäten repräsentieren.
Qualitatives Wachstum	Politisches oder wirtschaftliches Leitmotiv, nach dem Wachstum nur in dem Maße wünschenswert ist, wie dadurch negative Begleitumstände, wie z.B. Umweltverschmutzungen oder Ressourcenverknappungen, vermieden werden können.
Rechnungswesen	Betriebliches Instrument der Erfassung, Verarbeitung und Weiterreichung relevanter Informationen zum Zwecke der Dokumentation, Kontrolle und Vorbereitung betrieblicher Entscheidungen.
Sozialbericht	Verbale Darstellung der Ziele, Maßnahmen, Leistungen und Wirkungen gesellschaftsbezogener Aktivitäten eines Unternehmens. Insbesondere erläutert er nur schwer oder überhaupt nicht zu quantifizierende soziale Bereiche.
Sozialrechnung	Zahlenmäßige Darstellung aller quantifizierbaren gesellschaftsbezogenen Aufwendungen eines Unternehmens in einer bestimmten Periode sowie die direkt erfaßbaren gesellschaftsbezogenen Erträge. Sie ist als Aufwandsrechnung zu deuten, die durch direkt empfangene geldmäßige Erträge des Unternehmens ergänzt

wird. Zum einen sollen damit die finanziellen Belastungen sozialer Aktivitäten aufgezeigt werden, zum anderen gilt es darzulegen, daß dem Unternehmen durch Teile der Gesellschaft gewisse Erträge zufließen, für die keine marktlichen Gegenleistungen zu erbringen sind.

Soziale Bezugsgruppen (Bezugsgruppen der Gesellschaft)	Gruppen der Gesellschaft, die direkt oder indirekt von den Tätigkeiten eines Unternehmens betroffen sind: Mitarbeiter, Aktionäre, Staat, Lieferanten, Kunden, Öffentlichkeit, Umwelt etc.
Soziale Effekte (Externe Effekte/ Externalitäten)	Oberbegriff, der sowohl soziale Kosten als auch soziale Nutzen umfaßt.
Soziale Indikatoren	Kennziffern, die über die unterschiedlichen Bereiche der Lebensqualität quantitative Aussagen machen.
Soziale Kosten (Externe Kosten/ Negative Externalitäten)	Negative Umwelteinwirkungen eines Unternehmens, die nicht durch das betriebliche Rechnungswesen erfaßt werden, sondern durch die Allgemeinheit zu tragen sind.
Soziale Nutzen (Externe Nutzen/ Positive Externalitäten)	Positive Beiträge eines Unternehmens für seine gesellschaftlichen Bezugsgruppen, für die das Unternehmen keine durch das betriebliche Rechnungswesen ausgewiesene Gegenleistung erhält.
Soziale Verantwortung (Gesellschaftliche Verantwortung)	Wahrnehmung und Berücksichtigung externer Effekte der Unternehmenstätigkeit gegenüber der Gesellschaft bzw. ihrer Gruppen.
Sozialer Druck (Gesellschaftlicher Druck)	Forderungen der gesellschaftlichen Bezugsgruppen, daß das Unternehmen soziale Verantwortungen wahrnimmt. Mittel hierzu: Widerspruch (z.B. durch Bürgerinitiativen) und Abwanderung (z.B. zu einem anderen Konkurrenten), politische Untersuchung, Verminderung der Arbeitsleistung.
Technische Datenkonzepte	Erfassung externer Effekte durch die Benennung unmittelbar durch ein Unternehmen verursachter chemisch-physikalischer Umwelteinwirkungen und ihre Bewertung durch technisch einfache Maßgrößen wie mg/cbm, evtl. auch unter Bezugnahme auf Skalen wie bei Temperatur- oder Prozentangaben.

Verhaltenskodizes Leitlinien, die auf inner- oder überbetrieblicher Basis ein gesellschaftlich und sozial verantwortliches Handeln für das Unternehmen festlegen.

Wachstumskosten Soziale Kosten, die durch quantitative Wachstumsprozesse bedingt sind.

Wertschöpfungsrechnung Sie stellt den von den Unternehmen in einer Periode geschaffenen Wertzuwachs dar und ist identisch mit dem betrieblichen Beitrag zum Volkseinkommen (Bruttosozialprodukt). Dabei wird sowohl der geschaffene Wertzuwachs *(Entstehungsrechnung)* als auch dessen Verteilung auf die gesellschaftlichen Gruppen *(Verteilungsrechnung)* aufgezeigt.

Zielsystem Geordnete und strukturierte Menge von Zielen (Zielelementen), die durch Beziehungen miteinander verbunden sind, z.B. Zielsystem des Unternehmens. Wichtige und zugleich problematischste Art der Zielbeziehungen sind Zielkonflikte.

Literaturverzeichnis

Arbeitskreis „Das Unternehmen in der Gesellschaft": Das Unternehmen in der Gesellschaft, in: Der Betrieb, Jg. 28, 1975, S. 161 ff.
Arbeitskreis „Sozialbilanz-Praxis": Sozialbilanz heute. Empfehlungen zur aktuellen Gestaltung gesellschaftsbezogener Unternehmensrechnung, Frankfurt 1977
Bauer, R. A./Dierkes, M.: Corporate Social Accounting, New York, Washington und London 1973
Brockhoff, K.: Zur externen gesellschaftsbezogenen Berichterstattung deutscher Unternehmen, Köln 1975
Budäus, D.: Sozialbilanzen. Ansätze gesellschaftsbezogener Rechnungslegung als Ausdruck einer erweiterten Umweltorientierung?, in: Zeitschrift für Betriebswirtschaft, Jg. 47, 1977, S. 183 ff.
Bundesvereinigung der Deutschen Arbeitgeberverbände (Hrsg.): Gesellschaftsbezogene Unternehmensberichterstattung („Sozialbilanz"), Köln 1975 (Arbeitsberichte des Ausschusses für Soziale Betriebsgestaltung, Nr. 37)
DGB-Bundesvorstand: Dokumentation des DGB-Bundesvorstandes zu Sozialbilanzen, in: WSI-Mitteilungen, Jg. 30, 1977, S. 55 ff.
— Beschluß des Bundesvorstandes zu unternehmerischen Sozialbilanzen, in: DGB-Nachrichten-Dienst ND 124, 1979, S. 1 ff.
Chevalier, A.: Le Bilan social de l'entreprise, Masson und Paris 1977
Dierkes, M.: Die Sozialbilanz. Ein gesellschaftsbezogenes Informations- und Rechnungssystem, Frankfurt 1974
— Künftige Beziehungen zwischen Unternehmen und Gesellschaft, Köln 1976
— Die neue Herausforderung an die Wirtschaft. Ethik als organisatorisches Problem, in: Leben zwischen Wille und Wirklichkeit, hrsg. von E. H. Plesser, Düsseldorf und Wien 1977, S. 105 ff.
— Sozialbilanzen. Einige Gedanken zur konzeptionellen und politischen Entwicklung der letzten Jahre, in: Sozialbilanzen in der Bundesrepublik Deutschland, hrsg. von E. Pieroth, Düsseldorf und Wien 1978, S. 202 ff.
Dierkes, M./Coppock, R./Snowball, H./Thomas, J.: Social Pressure and Business Actions, in: Corporate Social Accounting, hrsg. von R. A. Bauer/M. Dierkes, New York, Washington und London 1973, S. 57 ff.
Dierkes, M./Hoff, A.: Sozialbilanzen und gesellschaftliche Rechnungslegung in der Bundesrepublik Deutschland. Eine Analyse der bisherigen Experimente, Berlin 1980
Dierkes, M./Kopmann, U.: Von der Sozialbilanz zur gesellschaftsbezogenen Unternehmenspolitik. Ansätze zu einem Management System for Social Goals, in: Betriebswirtschaftliche Forschung und Praxis, Jg. 26, 1974, S. 295 ff.
Eichhorn, P.: Gesellschaftsbezogene Unternehmensrechnung, Göttingen 1976
Faltlhauser, K.: Unternehmen und Gesellschaft. Theorie und Praxis der Sozialbilanz, Berlin 1978
Fischer-Winkelmann, W. D.: Gesellschaftsorientierte Unternehmensrechnung, München 1980

Frantz, U.: Soziale Unternehmenspolitik und soziale Rechnungslegung, Zürich und Lemgo 1979
Fronek, R.: Umweltrechnungslegung. Jahresabschluß, Social Accounting, in: Handbuch des Umweltschutzes, hrsg. von A. Heigl, München 1977, S. 1 ff.
Hartmann, H./Furch, H.: Ansprüche an ein sozialverantwortliches Unternehmensverhalten. Eine empirische Untersuchung, in: Wirtschaftsdienst, Jg. 54, 1974, S. 583 ff.
Heigl, A.: Social Accounting in der Sozialen Marktwirtschaft, in: Bilanzfragen, hrsg. von J. Baetge, A. Moxter und D. J. Schneider, Düsseldorf 1976, S. 297 ff.
Heymann, H.-H.: Sozialbilanzen. Eine marktwirtschaftliche Innovation im Bereich des Sozialvermögens, in: Vermögen in ordnungstheoretischer und ordnungspolitischer Sicht, hrsg. von H.-G. Krüsselberg, Köln 1980, S. 133 ff.
— Die Sozialbilanz als Instrument der Unternehmensführung. Das gesellschaftsbezogene Rechnungswesen der Unternehmung in der Sozialen Marktwirtschaft, Frankfurt 1981
— Sozialbilanzen. Überlegungen zur konzeptionellen und politischen Entwicklung der Sozialbilanz-Bewegung, in: Das Wirtschaftsstudium, Jg. 11, 1982, S. 171 ff.
— Grundsätze und Ziele einer aktuellen betrieblichen Sozialpolitik, in: Personalwesen als Managementaufgabe, hrsg. von U. Spie, Stuttgart 1983, S. 367 ff.
— Die „neue" Wirtschaftsethik. Ethische Bezüge der Unternehmenspolitik, in: Das multinationale Unternehmen im sozialen Umfeld, hrsg. von B. Harms, Frankfurt 1983/a, S. 95 ff.
Heymann, H.-H./Seiwert, L. J.: Interaktionelle Sozialprozesse und gesellschaftsbezogene Rechnungslegung der Unternehmung, in: Zeitschrift für Betriebswirtschaft, Jg. 52, 1982, S. 287 ff.
— Zielbezogene Sozialberichte, in: Das neue Unternehmen, Jg. 29, 1982/a, Heft 3, S. 17
Hunziker, R.: Die soziale Verantwortung der Unternehmung. Auseinandersetzung mit einem Schlagwort, Bern und Stuttgart 1980
Jäger, P.: Soziale Nutzen — soziale Kosten im öffentlichen Personenverkehr. Konzept einer gemeinwirtschaftlichen Erfolgswürdigung, Düsseldorf 1976
Kellenberger, R.: Die bedürfnisorientierte externe Berichterstattung, Zürich 1981
Kittner, M./Mehrens, K.: Gesellschaftsbezogene Rechnungslegung, in: WSI-Mitteilungen, Jg. 30, 1977, S. 20 ff.
Küller, H.-D.: „Sozialbilanzen". Kritische Anmerkungen aus gewerkschaftlicher Sicht, in: Sozialbilanzen in der Bundesrepublik Deutschland, hrsg. von E. Pieroth, Düsseldorf und Wien 1978, S. 245 ff.
Meyer-Merz, A.: Die Wertschöpfungsrechnung, in: Der Schweizer Treuhänder, Jg. 53, 1979, Nr. 10/11
Mintrop, A.: Gesellschaftsbezogene Rechenschaftslegung. Dokumentation „sozialer Verantwortung" der Unternehmen, Zürich 1976
Müller-Wenk, R.: Konflikt Ökonomie Ökologie. Schritte zur Anpassung von Unternehmensführung und Wirtschaftsordnung, Karlsruhe 1980
Picot, A.: Betriebswirtschaftliche Umweltbeziehungen und Umweltinformationen. Grundlagen einer erweiterten Erfolgsanalyse für Unternehmen, Berlin 1977
Pieroth, E. (Hrsg.): Sozialbilanzen in der Bundesrepublik Deutschland. Ansätze, Entwicklungen, Beispiele, Düsseldorf und Wien 1978
Plesser, E. H. (Hrsg.): Leben zwischen Wille und Wirklichkeit. Unternehmer im Spannungsfeld von Gewinn und Ethik, Düsseldorf und Wien 1977
— Kooperation von Organisationen in weltweit operierenden Unternehmen, in: RKW-Handbuch „Führungstechnik und Organisation", Berlin 1980
Schiemenz, B./Seiwert, L. J.: Ziele und Zielbeziehungen in der Unternehmung, in: Zeitschrift für Betriebswirtschaft, Jg. 49, 1979, S. 581 ff.
Seiwert, L. J.: Mitbestimmung und Zielsystem der Unternehmung. Ansätze zu einem erweiterten Unternehmungsmodell der Betriebswirtschaftslehre, Göttingen 1979
— Was wollen die Mitarbeiter? Empirische Untersuchungen zur Zielstruktur der Mitarbeiter, in: Personal, Jg. 31, 1979/a, S. 149 ff.
— Personalforschung als Informationstrument des Personalmanagement, in: U. Spie (Hrsg.), Personalwesen als Managementaufgabe, Stuttgart 1983, S. 193 ff.

Senarclens, M. de: Wie steht es heute um die Gesellschaftsbezogene Rechnungslegung? Ein Querschnitt durch die Erfahrungen mit Sozialbilanzen in Deutschland, Frankreich und der Schweiz, in: Management-Zeitschrift io, Jg. 49, 1980, S. 91 ff.
— Die gesellschaftsbezogene Berichterstattung (Sozialbilanz). Was bedeutet sie für die Schweiz?, in: Wirtschaftspolitische Mitteilungen, Jg. 37, 1981, Heft 10/11, S. 1 ff.
— Unternehmensinterne Information: Kann die gesellschaftsbezogene Berichterstattung nützen?, in: H. Brecht/R. Scheuchzer (Hrsg.), Das Jahrbuch für Führungskräfte 3, Grafenau/Württ. und Zürich 1982, S. 74 ff.
Stitzel, M.: Unternehmerverhalten und Gesellschaftspolitik, Stuttgart u.a. 1977
Vogelpoth, N.: Die französische Sozialbilanz, Frankfurt 1980
Wenkebach, H. H.: Die gesellschaftsbezogene Berichterstattung der Unternehmen. Möglichkeiten und Grenzen der Sozialbilanz, Köln 1979
Wysocki, K. von: Das Unternehmen in seiner Umwelt. Möglichkeiten und Grenzen der Sozialbilanz, in: Bericht über die Fachtagung 1974 des Instituts der Wirtschaftsprüfer in Deutschland e.V., Düsseldorf 1975, S. 201 ff.

Angaben zu den Autoren

H.-Helmut Heymann

Dr. rer. pol., Dipl.-Volksw., Jahrgang 1952, Studium der Wirtschafts- und Sozialwissenschaften an der Universität Marburg.

1977-1980 Wissenschaftlicher Mitarbeiter am Lehrstuhl für Allgemeine Volkswirtschaftslehre an der Universität Marburg. 1980 Promotion über ein personal- und sozialpolitisches Thema. Seit 1980 im Personalwesen eines großen deutschen Unternehmens tätig.

Schwerpunkte: Personal- und Sozialwirtschaft, Industrial Relations, Wettbewerbs- und Ordnungspolitik.

Lothar J. Seiwert

Dr. rer. pol., Dipl.-Volksw., Dipl.-Hdl., Jahrgang 1952, Studium der Wirtschaftswissenschaften an den Universitäten Frankfurt und Marburg.

1976-1977 Wissenschaftlicher Mitarbeiter am Lehrstuhl für Betriebswirtschaftslehre der Universität Marburg. 1978 Promotion über ein Mitbestimmungsthema. 1979-1982 Industrietätigkeit im Personal- und Bildungswesen. Seit 1982 Personalberater bei einem Management- und Personalberatungsunternehmen in Stuttgart. Referent an öffentlichen und privaten Weiterbildungsinstitutionen. Lehrbeauftragter an der Fachhochschule Nürtingen.

Schwerpunkte: Führungs- und Arbeitsmethoden, Personalmanagement, Organisationsentwicklung.

Marina de Senarclens

Jahrgang 1945, Berufsbegleitendes Studium der Betriebswirtschaft und Betriebspsychologie an der ETH Zürich.

1971 Assistentin am Gottlieb Duttweiler-Institut für wirtschaftliche und soziale Studien, Rüschlikon/Zürich. 1972-1974 Public Relations (sozialkulturelle Fragen) für die Schweizerische Bankgesellschaft, Zürich. 1975-1977 Associate Director bei Young & Rubicam, Bern und New York, verantwortlich für Öffentlichkeitsarbeit als Unternehmensberaterin. 1977 Mitbegründerin einer Agentur für Öffentlichkeitsarbeit in Zürich. Seit 1982 als selbständige Unternehmensberaterin tätig.

Schwerpunkte: Innerbetriebliche Information, Öffentlichkeitsarbeit, gesellschaftsbezogene Berichterstattung.

Stichwortverzeichnis

Absatzrente 171
Arbeitskreis Sozialbilanz-Praxis 58 ff., 86 ff., 171

Bedürfnisorientierte Berichterstattung 66
Beschaffungsrente 171
Betriebliche Sozialindikatoren 54 ff., 71 ff., 95 ff., 109 f.
Bruttosozialprodukt 171

Corporate Social Accounting 27, 172
Corporate Social Auditing 27
Corporate Socio Economic Reporting 27

Davoser Manifest 20, 171

Erweiterte Sozialberichterstattung 43 ff., 80 ff.
Evaluation of Business Response 27
Externalitäten 174

Forschungsbericht 45, 80 f.
Führungsgrundsätze 18, 91
Funktionsorientierte Sozialpolitik 65 f.

Geschäftsbericht 44 ff., 80 ff., 171
Gesellschaftliche Erträge 171
Gesellschaftsbezogene Aufwandsrechnung 46 ff., 83 ff., 172
Gesellschaftsbezogene Berichterstattung, s. Sozialbilanz
Gesellschaftsbezogene Bestandsrechnung 34
Gesellschaftsbezogener Druck 16 f., 174
Gesellschaftsbezogene Erfolgsrechnung 34 f.
Gesellschaftsbezogene Gesamtbilanz 33 ff.
Gesellschaftsbezogenes Informationssystem 54
Gesellschaftsbezogene Kennziffer 71 f.
Gesellschaftsbezogene Kostenkontrolle 166
Gesellschaftsbezogene Leistungsbeurteilung 53
Gesellschaftsbezogene Leistungsrechnung 63
Gesellschaftsbezogenes Leitbild 127 f., 144 f., 161 f.
Gesellschaftsbezogene Mischbilanz 33, 58 ff.
Gesellschaftsbezogene Teilbilanz 33, 36 ff.
Gesellschaftsbezogene Unternehmensplanung 52 ff., 69
Gesellschaftsbezogene Unternehmenspolitik 51, 126 ff.
Gesellschaftsbezogene Unternehmensstrategie 128 f.
Gesellschaftsbezogenes Unternehmenskonzept 122 f., 158 ff.
Goal-Accounting 49 ff., 91 ff., 161 ff., 172
Gruppenspezifische Sozialpolitik 67

Jahresabschluß 23 f., 173

Kontrollierende Berichterstattung 72 f.

Lebensqualität 15, 22, 70, 173

Marktwirtschaft 19 f., 54, 113
Mitarbeiterbefragungen 68, 95 ff.

Öffentlichkeitsbezogene Berichterstattung 136 ff., 139
Ökologische Buchhaltung 41 ff., 173

Personalbericht 44 ff., 80 f.
Personalzusatzkosten 18
Produktbericht 45, 80 f.

Rechnungswesen 22 ff., 173
Risiko-Analyse 162

Schwerpunktmäßige Berichterstattung 65 ff.
Social Audit 167
Social-Forecasting-Funktion 52 f.

Social-Intelligence-Funktion 52 f.
Soll-Ist-Vergleich 41 f., 72
Sonderprogrammbericht 45, 80 f.
Sozialbericht 60 ff., 173
Sozialbilanz
— Ablaufplan 160 ff.
— Anforderungen 32, 58, 169
— Ansätze 33 ff., 56 f., 78 ff.
— Aufgaben 28
— Basiskonzept 165 ff.
— Beispiele 77 ff., 127 ff.
— Bezugsgruppen 29 ff., 159, 174
— Bundesrepublik 77 ff.
— Definition 27 f.
— Elemente 59, 74, 145
— empirische Untersuchungen 77 ff., 80 ff
— Erstellung 145 ff.
— externe 29
— Fallstudien 127 ff.
— Fragebogen 93 ff.
— Gewerkschaften 107 ff.
— Informationsbedürfnisse 106 ff.
— integrierte 73 f.
— interne 29
— Praxis 80 ff.
— Probleme 31 f., 35 f., 99
— Projektteam 158 f.
— Qualität 100 ff.
— Seminarprogramm 168 ff.
— Schweiz 113 ff.
— Statistiken 60 ff.
— Verbreitung 77 ff.
— Weiterentwicklung 63 ff.
— Ziele 28, 59, 127
— Zwecke 28 f., 135 f., 138, 144, 165 ff.
Soziale Checkliste 36 ff., 122, 172
Soziale Kosten 16, 18, 24, 26, 35, 41, 46 ff., 174
Soziale Nutzen 24, 26, 35, 41 ff., 64, 65 ff., 174
Soziale Schulden 34
Soziale Verantwortung 18 ff., 22, 25
Soziale Ziele 49 ff., 68 f., 91 ff., 163
Soziales Vermögen 34
Sozialkosten, s. soziale Kosten
Sozialkosten-Analyse 166
Sozialrechnung 63, 173
Sozialwirtschaftliche Berichterstattung 27
Stärke-Schwäche-Profil 162

Technisches Datenkonzept 41 f., 72, 174
Technology-Assessment-Funktion 53

Umweltbefragungen 69
Umweltschutzbericht 45, 80 f.
Unternehmen
— Aufgaben 22
— Funktionen 17 f.
Unternehmen/Institutionen
— Audi NSU AG 99
— Bank für Gemeinwirtschaft AG 81
— BASF AG 99
— Battelle Institut e.V. 87, 99
— Bayer AG 99
— Bayernwerk AG 81
— BBC AG 87, 99, 117 ff., 167
— Bertelsmann AG 94 ff., 99
— Bitburger Brauerei GmbH 87
— Buderus AG 99
— Canstatter Volksbank e.G. 98 ff.
— Chemische Werke Hüls AG 81
— Ciba Geigy AG 147 ff.
— Coop 147 ff.
— Degussa AG 81, 99
— Deutsche BP AG 87, 99
— Deutsche Shell AG 86, 91 f., 99
— Dyckerhoff Zement AG 81
— Eternit AG 87, 99
— Europa Carton AG 81
— Ford AG 87
— Gebr. Sulzer AG 147 ff.
— Henkel KGaA 81
— Hoechst AG 99
— Hoesch AG 81
— Kölner Bank von 1867 e.G. 92 ff., 99
— Kundenkreditbank KGaA 81
— Landesforstverwaltung Baden-Württemberg 99
— LVM-Versicherungen 87
— Mannesmann AG 81, 87 ff., 99
— Merck AG 99
— Migros-Genossenschaftsbund 99, 114 ff. 147 ff.
— Mobil Oil AG 99
— Nestlé 123 ff., 167
— Pieroth GmbH 99
— Preussag AG 81
— PTT 127 ff., 167
— Rank Xerox GmbH 99
— Rheinbraun AG 87, 99
— Rheinmetall AG 82 f.
— Rieger und Dietz GmbH & Co 99
— Röchling Burbach GmbH 81
— RWE AG 81
— Saarbergwerke AG 99
— Sandoz AG 147 ff.

- Schweizerische Metall-Union 134ff., 163
- Sibra Holding 124
- Siemens AG 81
- Stadtsparkasse Köln 81
- Stahlwerke Peine—Salzgitter AG 99
- Steag AG 84ff., 86ff., 99
- Stinnes AG 81, 99
- Universität Genf 124f.
- Veith-Pirelli AG 81, 99
- Visura Treuhand-Gesellschaft 139ff., 163
- Von Moos 124
- VW AG 87, 99
- Wella AG 87

Verhaltenskodizes 18ff., 127, 146ff., 175

Wachstumskosten, s. soziale Kosten
Wertewandel 15ff.
Wertschöpfungsrechnung 46ff., 62f., 82f., 131f., 175
Wirtschaftliche Verantwortung 18f., 25

Zielbezogene Berichterstattung 49ff., 69ff.
Zielorientierte Sozialbilanz, s. Goal-Accounting
Zustandsbeschreibende Berichterstattung 71

Rechtsratgeber für die Wirtschaftspraxis*

Die GmbH — Unternehmungsform mit Zukunft für mittelständische Betriebe
von Prof. Dr. Heinz Stehle
160 Seiten — broschiert — 32,80 DM

Produkthaftung — eine Gefahr für jeden Betrieb
von Dr. Joachim Hägele/Dr. Rainer Hägele
152 Seiten — broschiert — 26,80 DM

Erb- und familienrechtliche Unternehmenssicherung
von Prof. Dr. Heinz Stehle
126 Seiten — broschiert — 26,80 DM

Keine Angst vor der Betriebsprüfung
von Rechtsanwalt und Steuerberater Lutz Geschwandtner
135 Seiten — broschiert — 26,80 DM

Das Bilanzrichtlinie-Gesetz und seine Anwendung in Buchführung und Jahresabschluß
von Prof. Dr. Werner Kresse/Dr. Lieselotte Kotsch-Faßhauer
167 Seiten — broschiert — 37,80 DM

Geld anlegen — sicher und rentabel
von Dipl.-Volkswirt Rudolf Lohr
179 Seiten — broschiert — 29,80 DM

Wie macht man sich selbständig?
von Dr. Lieselotte Kotsch-Faßhauer
156 Seiten — broschiert — 32,80 DM

Was tun, wenn der Schuldner nicht zahlt?
von Wolfgang Rogalla, Richter am Amtsgericht Osnabrück
151 Seiten — broschiert — 32,80 DM

*Eine Gemeinschaftsproduktion mit dem Hans Holzmann Verlag, Bad Wörishofen

Erhältlich im Buchhandel. Preisänderungen vorbehalten.

**Taylorix Fachverlag
Postfach 829
7000 Stuttgart 1**